prépabac

COURS & ENTRAÎNEMENT

ES

Sciences économiques et sociales

Jean-Claude Drouin

Hatier

PAPIER À BASE DE FIBRES CERTIFIÉES

Hatier s'engage pour l'environnement en réduisant l'empreinte carbone de ses livres. Celle de cet exemplaire est de :
900 g éq. CO_2
Rendez-vous sur www.hatier-durable.fr

978-2-218-99536-1

Mode d'emploi

Votre ouvrage Prépabac

- Conforme au dernier programme de Sciences économiques et sociales 1re ES, ce « Prépabac » vous propose un **outil de travail** très complet.
- Sur chaque thème du programme, vous trouverez : un **cours** structuré, des fiches de **méthode**, des **exercices** progressifs et leurs **corrigés** détaillés.
- Toutes ces ressources vous permettent d'aborder en confiance vos contrôles durant l'année et de vous préparer efficacement à l'épreuve du bac.

COURS | **MÉTHODE** | **EXERCICES** | **CORRIGÉS**

Sur le site www.annabac.com

- L'achat de cet ouvrage vous permet de bénéficier d'un **accès GRATUIT**[1] à toutes les **ressources d'annabac.com** : fiches de cours, résumés audio, quiz interactifs et sujets d'annales corrigés...
- Pour profiter de cette offre, rendez-vous sur **www.annabac.com**, dans la rubrique « Vous avez acheté un ouvrage Hatier ? ».

1 Selon les conditions précisées sur le site.

sommaire

SCIENCE ÉCONOMIQUE

SOCIOLOGIE GÉNÉRALE ET SOCIOLOGIE POLITIQUE

sommaire

Science économique

www.annabac.com

CHAPITRE 1

Les grandes questions que se posent les économistes

L'économie peut se définir comme la science des choix dans un univers assujetti à la rareté des biens. Quel que soit le niveau de leurs revenus, les acteurs doivent arbitrer entre différentes dépenses et entre différents produits. Ce qui est vrai pour un individu l'est tout autant pour une entreprise ou pour une économie nationale.

I Comment faire des choix dans un univers aux ressources limitées ?

A Qu'est-ce que l'utilité en économie ?

- Des **besoins** s'imposent à nous et nous devons les satisfaire : boire lorsque nous avons soif, manger lorsque nous avons faim, nous protéger du froid quand vient l'hiver.
- Nous **consommons** des marchandises choisies pour le degré de satisfaction qu'elles nous procurent. Les économistes évoquent la **notion d'utilité** pour désigner la capacité d'un produit à répondre à un besoin. Un verre de boisson étanchera la soif, une automobile facilitera nos déplacements en l'absence de transports en commun, un cours d'économie nous préparera à un examen.

En économie, un **produit** peut être aussi bien une marchandise physique (un ordinateur par exemple) qu'un service (par exemple l'offre d'un fournisseur d'accès à Internet - FAI).

B L'utilité des biens est le plus souvent subjective

- L'utilité d'un bien, marchandise ou service, est différente en fonction des **besoins ressentis par les agents économiques** (la climatisation d'un véhicule automobile n'aura pas la même utilité en Scandinavie qu'au Maghreb).
- Dans tous les cas de figures, **l'utilité d'un bien** est toujours relative à un besoin subjectif découlant des préférences d'un individu ou d'un groupe d'individus.

Certains besoins essentiels liés à la survie des individus sont universels ; d'autres facteurs (âge, sexe, environnement socioculturel, niveau d'instruction et de revenu) se traduisent par une **différenciation des besoins**.

C La notion d'utilité marginale

Vous êtes au milieu du désert et vous avez soif. Vous buvez un verre d'eau et celui-ci vous procure une grande satisfaction L'utilité de ce premier verre d'eau est maximale. Vous avez cependant encore soif et consommez un deuxième verre d'eau, son utilité est encore importante. Mais si vous continuez à boire, le besoin et le plaisir de boire seront décroissants.

Lorsque l'on consomme des doses successives d'un même bien, l'utilité de chaque unité consommée est inférieure à la précédente. Les économistes ont ainsi formulé la loi de l'utilité marginale décroissante. L'utilité marginale mesure l'utilité de la dernière unité consommée.

Le **besoin** disparaît au fur et à mesure de la consommation d'un produit. Aussi les dernières unités du produit consommé ont-elles moins de valeur que les premières.

D Qu'est-ce que la contrainte budgétaire ?

Chaque consommateur, face à des besoins sans cesse présents mais dont le budget de dépenses est forcément limité, doit opérer des choix. Que ce budget soit de 100 ou de 10 000 euros par mois, il faut choisir et définir des préférences forcément fondées sur la subjectivité des besoins.

La **contrainte budgétaire** découle du décalage entre les besoins (le plus souvent illimités) et les moyens disponibles pour les satisfaire (qui sont limités).

Vous disposez d'une somme de 1 500 euros et vous souhaitez vous faire plaisir. Allez-vous opter pour un séjour à la montagne ou l'achat d'un téléviseur 3D ?

La contrainte budgétaire ne caractérise pas seulement les ménages, mais **l'ensemble des agents économiques**, tels les entreprises ou les administrations publiques (État, collectivités locales ou administrations de sécurité sociale). Un gouvernement doit-il privilégier la défense nationale, la justice ou l'éducation nationale? Face à la multitude des besoins, et dans un cadre budgétaire contraint par ses recettes fiscales, il doit arbitrer entre différents postes dans les dépenses publiques.

II Que produire ? Comment mesure-t-on la production ?

A Production marchande et production non marchande

1. La production marchande

- Pour acheter un bien de consommation, vous vous adressez à un **intermédiaire sur le marché**. L'intermédiaire a lui-même sélectionné les produits susceptibles d'intéresser sa clientèle. Vous avez alors recours au **secteur marchand de l'économie**.
- L'entreprise à l'origine de la création du produit et l'entreprise de distribution fournissent le produit dans un **objectif de profit**.
- L'économie marchande ne donne satisfaction qu'aux consommateurs qui peuvent manifester une demande solvable sur le marché, c'est-à-dire une demande assortie d'un **pouvoir d'achat leur permettant de payer** le produit.

2. La production non marchande

- Si vous vous promenez dans un parc public, visitez un musée avec vos camarades de classe ou si vous passez les épreuves du baccalauréat, vous vous situez dans le **secteur non marchand** de l'économie : vous n'aurez pas à vous acquitter d'un paiement puisque les services qui vous sont offerts sont gratuits.
- La production non marchande est **financée par les administrations publiques**, c'est-à-dire l'État ou les collectivités locales de la République (régions, départements, communes).
- Les services non marchands répondent à l'**intérêt général** et permettent de **réduire les inégalités** associées à l'inégale distribution des revenus.

B La valeur ajoutée et sa mesure

1. La notion de valeur ajoutée

- Lorsque vous commandez une pizza dans un restaurant, le pizzaïolo confectionne la pizza à partir de différents ingrédients. Ces différents produits constituent une valeur qui existe avant l'élaboration de la pizza. La pizza qui arrive dans votre assiette résulte du savoir-faire du cuisinier. Cette nouvelle valeur s'ajoute à la précédente, aussi parle-t-on de **valeur ajoutée**.

La **valeur des consommations intermédiaires** est retranchée de la **valeur des produits vendus** afin d'éviter une double comptabilisation des richesses produites.

La notion de valeur ajoutée correspond aux **richesses créées par les entreprises**. Elle se définit comme la différence entre le chiffre d'affaires (le montant des ventes) et les consommations intermédiaires détruites ou incorporées aux produits finis (matières premières, produits semi-finis, énergie).

Le calcul de la valeur ajoutée

Valeur ajoutée = Chiffre d'affaires – Consommations intermédiaires

2. Le partage de la valeur ajoutée

La valeur ajoutée donne lieu à un partage qui rémunère les facteurs de production, c'est-à-dire tous ceux qui ont participé (directement ou indirectement) à la réalisation du produit :

– les salaires des travailleurs ;

– les revenus des propriétaires du capital, notamment les dividendes des actionnaires dans le cas d'une entreprise sociétaire (SARL, société anonyme) ;

– les intérêts des emprunts contractés auprès du système bancaire ;

– les impôts et taxes prélevés par les administrations publiques.

La valeur ajoutée permet de calculer le PIB (produit intérieur brut). Le PIB est égal à la somme des valeurs ajoutées des unités résidentes, à laquelle on ajoute la TVA (taxe sur la valeur ajoutée) ainsi que les droits de douane.

Les **unités résidentes** caractérisent les agents économiques (ménages, entreprises, banques, administrations publiques) rattachés à une activité économique se déroulant sur le territoire national.

III Comment répartir les revenus et la richesse ?

A La notion de répartition

- La répartition des richesses créées s'opère par le biais de la **distribution des revenus**.
- Les revenus sont accordés aux ménages, en échange de leurs apports en travail et en capital à la réalisation de la production nationale.
- On distingue deux types de revenus :
  – les **revenus primaires** (répartition primaire des revenus) ;
  – les **revenus secondaires** (répartition secondaire des revenus ou redistribution des revenus).

B La répartition primaire des revenus

1. Les revenus du travail

- Les revenus du travail rémunèrent une **participation directe** à l'activité productive. Ce sont les **salaires** versés aux travailleurs en échange de leurs services productifs dans les entreprises ou dans les administrations publiques (traitements des fonctionnaires).
- Il ne faut pas confondre le **salaire brut** référencé dans le contrat de travail et le salaire net tel qu'il est effectivement perçu par le salarié.

> Le **salaire net** est égal au salaire brut moins les cotisations sociales (assurance-maladie, assurance-chômage, assurance-vieillesse).

2. Les revenus du capital

- Les revenus du capital, qui rémunèrent les apporteurs de capitaux, sont attachés à une **participation indirecte à la production**.
- Certains ménages mettent à la disposition d'autres agents économiques les ressources de leur patrimoine :
  – le propriétaire d'un appartement offre ce dernier en location contre le paiement d'un loyer (revenu du capital immobilier) ;
  – un ménage place son épargne en achetant des produits financiers dans une banque, qui utilise cet apport en capital pour octroyer un prêt à un autre agent économique, par exemple une entreprise.
- C'est de cette manière que les revenus du capital **sont indirectement associés à la production**.

3. Les revenus mixtes

- Les revenus mixtes sont caractéristiques des **professions indépendantes** (entrepreneurs individuels, commerçants, artisans, membres des professions libérales) comme les bénéfices industriels et commerciaux (BIC) ou les bénéfices agricoles (BA).
- **Ils rémunèrent le travail** mais aussi **la détention et l'usage d'un certain volume de capital**. Le bénéfice de l'artisan est un revenu mixte dans la mesure où il rémunère à la fois l'investissement en capital de l'artisan (locaux, outils, camionnette) et le travail qu'il accomplit au service de sa clientèle.

C La répartition secondaire des revenus ou redistribution

- Les revenus secondaires, appelés également **revenus sociaux** ou **revenus de transfert**, sont distribués indépendamment d'une participation à la production nationale.
- Ils sont octroyés à certaines catégories de la population par les administrations publiques afin de **compenser la perte d'un revenu d'activité** (indemnités de sécurité sociale, pension de retraite, allocation de chômage).
- Les revenus de transfert sont aussi distribués en vue d'améliorer, dans un esprit de **justice sociale**, les revenus des catégories les moins favorisées (bourses scolaires et universitaires, aide au logement, etc.).
- La redistribution des revenus relève de la **solidarité nationale**. On parle aussi d'**État-providence**. Cette solidarité nationale se traduit par une **redistribution verticale** (des plus riches vers les moins riches) et une **redistribution horizontale**, par exemple des bien-portants vers les malades dans le cas de la prise en charge des dépenses de santé.

La répartition des revenus

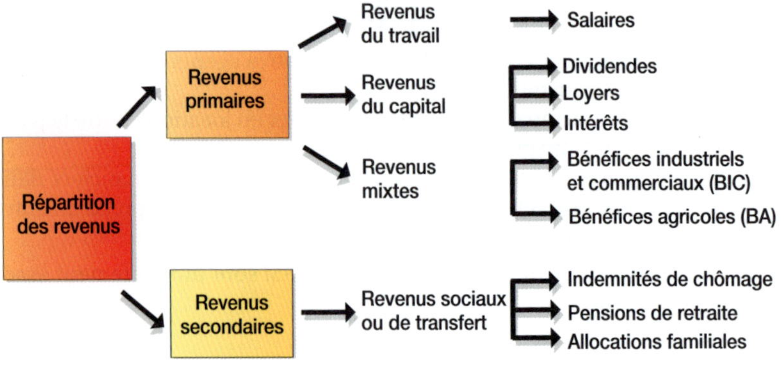

RÉCAPITULONS

- Les agents économiques établissent des préférences par comparaison entre l'utilité des biens et les ressources dont ils disposent (contrainte budgétaire).
- La production nationale réunit la production marchande des entreprises et la production non marchande des administrations publiques.
- La production est mesurée par la valeur ajoutée.
- La répartition des richesses s'opère grâce à la répartition primaire des revenus et la redistribution sous forme de transferts sociaux.

Utiliser le « mot juste » en économie

LA DÉMARCHE

La construction d'une argumentation économique suppose d'utiliser le terme le plus adéquat pour exprimer une idée ou construire un raisonnement. Il existe quelques **termes clés** qu'il convient de bien différencier.

- Les **agents économiques** sont des entités relativement autonomes à l'origine de décisions qui les affectent mutuellement, comme les ménages, les entreprises ou les administrations publiques.
- Les **fonctions économiques** sont la production, la répartition (distribution de revenus) et la consommation.
- Les **comportements économiques** sont le fait des ménages tandis que les **stratégies économiques** sont conçues et développées par les entreprises.
- Les **politiques économiques** – ou **sociales** – sont des décisions qui relèvent de l'État. Elles prennent la forme de textes de lois votés par le Parlement.

L'EXEMPLE COMMENTÉ

- Les **agents économiques** entretiennent de multiples rapports entre eux. Les ménages offrent leur travail aux entreprises qui les rémunèrent. Les administrations publiques produisent des biens collectifs non marchands destinés aux ménages.
- La France compte 3 millions d'entreprises qui ont pour **fonction économique** de produire des biens et des services, destinés à la consommation intérieure ou à l'exportation. Les entreprises exercent également une fonction de distribution de revenus auprès des facteurs de production, notamment leurs salariés.
- Les **comportements économiques** des Français sont favorables à l'épargne nationale. Fin 2012, ils détenaient près de 343 milliards d'euros en Livret A et en Livret de développement durable (LDD).
- Le groupe Renault s'est engagé depuis plusieurs décennies dans une **stratégie économique** d'internationalisation de sa production, notamment par une alliance en 1999 avec le Japonais Nissan.
- Le gouvernement cherche par ses **politiques économiques** à réduire le déficit budgétaire. La lutte contre l'exclusion apparaît au premier plan des **politiques sociales**, comme l'atteste la création du revenu de solidarité active (RSA) en 2009.

SE TESTER QUIZ

1 Vrai ou faux ?

	Vrai	Faux
1. La contrainte budgétaire ne concerne que les ménages.	☐	☐
2. L'utilité marginale désigne l'utilité de la dernière unité de produit consommée.	☐	☐
3. Les dividendes sont distribués dans le cadre de la répartition secondaire des revenus.	☐	☐
4. Le salaire net est égal au salaire brut moins le paiement de l'impôt sur le revenu.	☐	☐

2 QCM

En vous aidant du schéma ci-dessous, définissez le revenu disponible.

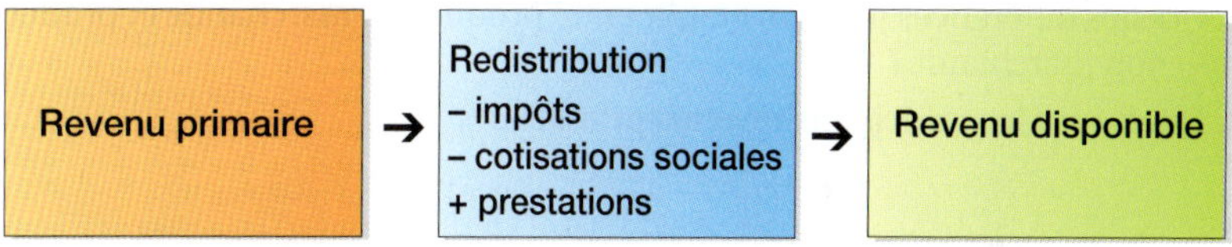

Le revenu disponible est égal :

1. Au revenu primaire moins les prestations sociales et les impôts.

2. Au revenu primaire plus les cotisations sociales et les prestations.

3. Au revenu primaire moins les impôts et les cotisations sociales, auquel on ajoute les prestations sociales.

S'ENTRAÎNER

3 Le vocabulaire de la répartition

Complétez le texte ci-dessous avec les mots suivants: *dividendes, intérêts, revenus primaires, revenus secondaires, salaires, salaire brut, salaire net, allocations familiales.*

Monsieur et Madame Poirier exerçant une activité professionnelle salariée, perçoivent des ...., considérés comme des .... Néanmoins, leur .... est diminué des charges sociales salariales; ils ne peuvent donc compter que sur leurs .... pour leurs dépenses. La famille a ouvert un livret A, elle perçoit alors un .... annuel. Madame Poirier a acheté quelques actions à la Bourse, ses choix sont judicieux et elle bénéficie de .... Dans la mesure où cette famille a trois enfants, elle reçoit des .... qui sont considérées comme des ....

4 Questions clés

Construisez une réponse rapide aux trois questions suivantes.

1. En quoi l'utilité d'un bien est-elle le plus souvent subjective?
2. Quelles différences peut-on établir entre production marchande et production non marchande?
3. Quels sont les principaux revenus primaires?

SE TESTER

1 Vrai ou faux ?

1 : faux. La contrainte budgétaire concerne l'ensemble des agents économiques (entreprises, banques, administrations publiques).

2 : vrai.

3 : faux. Les dividendes, revenus du capital financier (actions), sont des revenus primaires.

4 : faux. Le salaire net est égal au salaire brut moins les cotisations sociales.

2 QCM

Réponse 3.

S'ENTRAÎNER

3 Le vocabulaire de la répartition

Monsieur et Madame Poirier exercent une activité professionnelle salariée, ils bénéficient de **salaires**, considérés comme des **revenus primaires**. Néanmoins, leur **salaire brut** est diminué des charges sociales salariales. Ils ne peuvent donc compter que sur leurs **salaires nets** pour leurs dépenses. La famille a ouvert un livret A, elle perçoit alors un **intérêt annuel**. Madame Poirier a acheté quelques actions à la Bourse, ses choix sont judicieux et elle bénéficie de **dividendes**. Dans la mesure où cette famille a trois enfants, elle reçoit des **allocations familiales** qui sont considérées comme des **revenus secondaires**.

4 Questions clés

1. En quoi l'utilité d'un bien est-elle le plus souvent subjective ?

L'utilité d'un bien est souvent subjective dans la mesure où elle découle de préférences individuelles largement déterminées par des variables socio-économiques, telles que l'appartenance à une classe d'âge, le milieu social d'origine, la profession exercée, le niveau de revenu et de patrimoine.

2. Quelles différences peut-on établir entre production marchande et production non marchande ?

La production marchande est créée par des entreprises privées dont l'objectif repose, en partie, sur la rentabilité des capitaux investis. Elle est orientée vers la seule demande solvable. La production non marchande repose sur des services collectifs, le plus souvent gratuits, dispensés par les administrations publiques en vue de répondre à l'intérêt général.

3. Quels sont les principaux revenus primaires ?

Les revenus primaires rémunèrent les facteurs de production, c'est-à-dire le travail et le capital. Le salaire est un revenu primaire qui récompense le travail. L'intérêt, le dividende sont des revenus primaires attachés au capital. Les revenus mixtes rémunèrent à la fois le travail et le capital.

www.annabac.com

CHAPITRE

2 La production dans l'entreprise

L'entreprise est un agent économique dont la fonction consiste à produire les biens et les services satisfaisant les besoins des populations. La production, qui repose sur la combinaison de facteurs de production acquis à un certain prix sur le marché (marché du travail, marché des biens d'équipement…), a un coût. Les recettes de la firme doivent être supérieures aux coûts de production. Les performances de l'entreprise, consignées au sein des écritures comptables, révèlent notamment la qualité de la gestion des dirigeants.

I La combinaison des facteurs de production

La production des entreprises est réalisée à partir de ressources que l'entrepreneur se procure au sein de l'environnement économique national ou international. Ces ressources productives, dénommées **facteurs de production**, sont réunies et combinées dans le cadre de la combinaison des facteurs de production. Deux facteurs de production retiennent l'attention des économistes : le capital humain et le capital technique.

A Le capital humain

- Le travail est souvent appréhendé à travers la notion de **capital humain**. Il s'agit des compétences, des savoir-faire issus de la formation, de l'expérience professionnelle, de l'âge et de l'état de santé d'un travailleur. Il faut également tenir compte des motivations qui l'animent dans le cadre de l'exercice professionnel.
- Les **ressources humaines** sont le premier des facteurs de production, sans lequel aucune activité économique n'est possible.

B Le capital technique

- Le **capital technique** est parfois appelé capital physique. Il s'agit des instruments et machines qui, associés au travail humain, permettent la réalisation de la production.

■ On distingue :
– le **capital fixe** qui contribue à plusieurs opérations de production et qui n'est pas détruit par ces dernières ;
– le **capital circulant**, qui est incorporé au produit fini ou consommé en vue d'assurer la production.

En prenant l'exemple de l'industrie automobile, les chaînes de montage relèvent du capital fixe, tandis que l'énergie, les tôles métalliques et les câbles électriques constituent le capital circulant.

Les facteurs de production

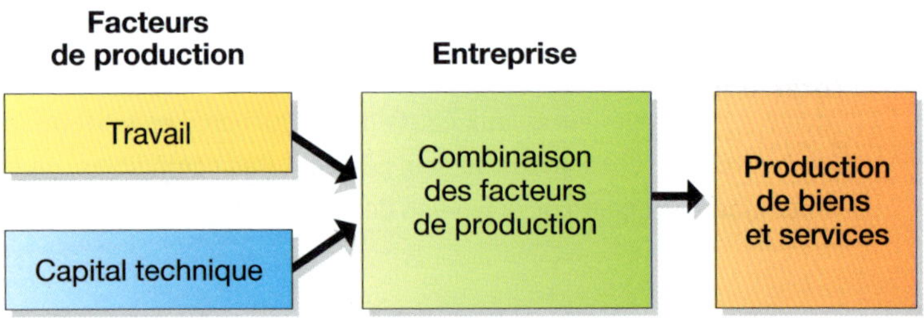

II Les coûts et les recettes de l'entreprise

A Les coûts de production

1. Qu'est-ce qu'un coût de production ?

■ Produire une marchandise ou un service suppose **des dépenses** qui sont à la charge de l'entreprise : ce sont les coûts de production.

■ À tout moment, le dirigeant d'une entreprise doit savoir combien coûte l'ensemble de la production, la production d'une unité de marchandise et la production d'une unité supplémentaire de marchandise.

■ La connaissance des coûts est notamment primordiale pour **déterminer le prix de vente du produit** sur le marché.

On distingue différents types de coûts de production dont le calcul est essentiel en matière de gestion d'entreprise.

2. Coûts fixes et coûts variables

■ **Les coûts fixes (CF)** sont des dépenses **indépendantes des quantités produites**. Ils représentent les charges incompressibles dont l'entreprise doit s'acquitter quel que soit le niveau de quantités produites. Cependant, **les coûts fixes ne sont pas immuables dans le temps**, et l'augmentation des ventes de l'entreprise sur le moyen et long terme nécessitera l'augmentation de la quantité de biens d'équipement (capital technique). Les coûts fixes d'un constructeur automobile sont les ateliers de production, les chaînes de montage, la rémunération des personnels mais aussi les dépenses associées à son activité (taxes, dépenses publicitaires, etc.).

- **Les coûts variables (CV)** sont des dépenses **liées au niveau des quantités produites**. Dans notre exemple, les coûts variables concernent l'achat des matières premières (tôles, câbles électriques), des produits semi-finis (cuir, matières plastiques, pneumatiques) et de l'énergie indispensable au fonctionnement des équipements productifs.

3. Coût total et coût total moyen

- **Le coût total (CT)** correspond à l'addition des coûts fixes et des coûts variables : il s'agit d'estimer l'ensemble des charges supportées par l'entreprise dans l'activité de production.

$$\text{Coût total} = \text{coûts fixes} + \text{coûts variables}$$

- **Le coût total moyen (CM)** ou **coût unitaire** a pour finalité d'éclairer les charges associées à chaque unité de produit. Il est égal au coût total divisé par les quantités produites.

$$\text{Coût total moyen} = \frac{\text{coût total}}{\text{quantités produites}}$$

- **Le coût marginal** (Cm) correspond au coût nécessaire à la production d'une unité supplémentaire du produit. Si le coût marginal est plus élevé que le coût moyen, toute production supplémentaire entraîne une augmentation du coût moyen et donc une réduction du bénéfice. En revanche, si le coût marginal est inférieur au coût moyen, cela signifie que l'accroissement de la production permettra l'augmentation du bénéfice.

$$\text{Coût marginal} = \frac{\text{augmentation du coût total}}{\text{augmentation de la production}}$$

B Les recettes de l'entreprise

1. La recette totale

La recette totale est égale au **produit du prix de vente par la quantité de produits vendus**, c'est-à-dire acheté par les consommateurs. Un pâtissier vend 25 éclairs au chocolat à 2 euros l'unité et 30 tartes aux fraises à 2,50 euros l'unité. Sa recette totale est de 125 euros.

2. La recette moyenne

La recette moyenne est égale à la **recette totale divisée par le nombre de produits vendus.** Notre pâtissier a gagné 125 euros, nous divisons par le nombre de produits vendus (55) pour obtenir la recette moyenne, c'est-à-dire 2,27 euros par produit. Cette information est intéressante dans la mesure où elle peut être calculée par rapport au temps (année, mois, semaine). Ici, la recette moyenne de la semaine du pâtissier sera sans doute inférieure à sa recette totale du dimanche. La recette moyenne est particulièrement significative dans la mesure où elle illustre la réalité des ventes d'une entreprise au-delà des variations qui affectent son activité.

3. La recette marginale

La recette marginale (Rm) désigne la **variation de recette procurée par une unité supplémentaire de vente sur le marché**. Le pâtissier a-t-il intérêt à confectionner un 26e éclair au chocolat ? Cette notion est importante pour déterminer le volume de la production. Elle est attachée à la règle de l'égalisation de la recette et du coût marginal. Si la recette est supérieure au coût marginal, le dernier éclair au chocolat rapporte de l'argent au pâtissier. En revanche, si la recette est inférieure au coût marginal, notre pâtissier perd de l'argent.

> Il ne faut pas perdre de vue que la fabrication d'une **unité supplémentaire** de produit entraîne des coûts additionnels en termes de facteurs de production (biens d'équipement, travailleurs, etc.).

III Qu'est-ce que la productivité ? Comment la calculer ?

A La notion de productivité

On peut supposer qu'un bûcheron sera plus efficace qu'un professeur de lettres classiques pour abattre un arbre à la hache, de même qu'une personne titulaire d'un BTS banque s'intégrera plus rapidement au sein d'un établissement bancaire qu'une personne ayant fait des études artistiques. **L'efficacité du travail dans la réalisation de la production est mesurée par la productivité.** Cette dernière établit un rapport entre un certain niveau de production et les facteurs qui ont été nécessaires à sa réalisation (travail et capital).

Quand on évoque la **productivité**, on retient généralement la productivité du travail.

$$\text{Productivité} = \frac{\text{production}}{\text{facteur de production}}$$

B La productivité physique du travail

Elle mesure le rapport entre le volume de la production (poids, nombre d'unités produites) et l'usage du facteur travail (nombre d'heures travaillées). Lorsqu'une entreprise réalise 100 unités de produit en une heure avec 10 ouvriers, sa productivité horaire du travail est donc de 10 unités par heure d'ouvrier.

$$\text{Productivité physique du travail} = \frac{\text{volume de la production}}{\text{nombre d'ouvriers}}$$

C La productivité apparente du travail

Cette notion est définie par l'Insee. La productivité est qualifiée d'apparente car il est très **difficile de mesurer la part respective du travail par rapport au capital** (outils, machines). Ainsi, si on lui fournit une tronçonneuse, le professeur de lettres sera peut-être plus productif qu'un bûcheron professionnel muni d'une scie manuelle.

La production d'une entreprise étant souvent constituée de produits très différents qui ne peuvent s'additionner, on fait apparaître la valeur ajoutée de l'entreprise au numérateur de la formule.

$$\text{Productivité apparente du travail} = \frac{\text{valeur ajoutée de l'entreprise}}{\text{effectifs employés} \times \text{durée du travail}}$$

IV Qu'appelle-t-on rendements d'échelle et rendements factoriels ?

A La notion de rendements d'échelle

Les rendements d'échelle permettent d'établir une relation entre l'augmentation du volume des facteurs de production (on accroît d'un pourcentage identique le travail et le capital) et la croissance de la production. Trois cas peuvent se présenter :
– les rendements sont constants : le volume de la production augmente de la même façon que l'augmentation des facteurs de production ;
– les rendements sont croissants : la production augmente plus que proportionnellement à la quantité de facteurs additionnels. Les rendements croissants s'accompagnent **d'économies d'échelle** ;
– les rendements sont décroissants : l'augmentation de la production est inférieure à la croissance des facteurs de production mis en œuvre. On parle alors de **déséconomies d'échelle**.

B La notion de rendements factoriels

Elle mesure la variation de la production liée à **l'augmentation d'un seul des deux facteurs de production**. On considère par exemple le travail comme facteur variable et le capital comme facteur constant. Lorsque la quantité de travail augmente (facteur variable) alors que les machines et outils ne sont pas accrus, le rendement du facteur variable est d'abord croissant, puis ensuite décroissant.

De ce constat est née la **loi des rendements décroissants**, vérifiée notamment dans l'agriculture : si dans une exploitation agricole on augmente le nombre de cultivateurs, alors que la surface cultivée reste constante, les rendements seront, à terme, forcément décroissants en raison de la diminution de la **productivité marginale du travail**.

V Les instruments comptables de l'entreprise

A Qu'est-ce qu'un bilan ?

Le bilan est un document comptable qui présente la situation patrimoniale de l'entreprise. Il se divise en deux parties : l'actif et le passif. L'actif fait apparaître les droits de propriété et de créances. Le passif correspond aux obligations, c'est-à-dire aux engagements de l'entreprise vis-à-vis des tiers.

> Le **patrimoine** désigne un stock de biens, contrairement au revenu qui désigne un flux de ressources monétaires.

1. L'actif du bilan

Les éléments qui figurent dans l'actif du bilan sont classés par ordre de liquidité croissante, c'est-à-dire le délai de leur transformation éventuelle en monnaie. On y distingue les actifs immobilisés et les actifs circulants.

Les actifs immobilisés ont été acquis par l'entreprise pour une utilisation sur le long terme. Ils comprennent :
– les **immobilisations corporelles**, qui regroupent les terrains, les immeubles, les biens d'équipement, les matériels de transport ;
– les **immobilisations incorporelles**, comme les brevets ;
– les **immobilisations financières** relatives à des portefeuilles de titres que certaines entreprises possèdent.

Les actifs circulants ne concernent que le court terme. On y trouve :
– les **stocks de matières premières** prêtes à être transformées, les produits semi-finis et les produits qui ne sont pas encore vendus et qui restent à la disposition de l'entreprise ;
– les **créances**, qui comprennent des effets de commerce avec une échéance de quelques mois ;
– les **disponibilités**, c'est-à-dire des liquidités en caisse afin de faire face aux dépenses quotidiennes de l'entreprise.

2. Le passif du bilan

Les capitaux propres sont constitués des apports des propriétaires de l'entreprise. Il s'agit de ressources durables dans le patrimoine de l'entreprise. On y trouve le **capital social** de l'entreprise, de même qu'une partie ou la totalité des bénéfices mis en réserve pour les activités futures.

Les dettes sont constituées des ressources obtenues auprès des tiers et qui constituent, à ce titre, des engagements à leur endroit. On distingue :
– les **emprunts obligataires** émis par les sociétés sur le marché boursier ;
– les **emprunts auprès des banques** qui ont accordé des crédits à l'entreprise ;
– les **dettes à l'égard des fournisseurs** qui ont consenti des délais de paiement aux entreprises ;
– les **dettes fiscales** et sociales dues par les entreprises (impôt sur les sociétés, cotisations patronales auprès des organismes de Sécurité sociale).

ZOOM

Qu'est-ce que la comptabilité ?

Balance du 01/01/2010 au 31/12/2010		*Balance du 01/01/2010 au 31/12/2010*	
Libellé	**Actif**	Libellé	**Passif**
Immobilisations incorporelles	15 000	Capital (500 actions à 100 €)	50 000
Immobilisations corporelles	27 000	Réserves	15 000
Immobilisations financières	14 000	Provisions pour risques et charges	5 800
Actifs d'exploitation (stocks, créances...)	58 000	Dettes financières	87 500
Actifs hors exploitation	71 000	Dettes d'exploitation (fournisseurs)	13 700
Disponibilités	21 000	Dettes hors exploitation	34 000
TOTAL ACTIF	**206 000**	TOTAL PASSIF	**206 000**

▲ **Les éléments du bilan comptable**

▶ La comptabilité est une technique d'enregistrement et de traitement des données chiffrées liées au patrimoine et à l'activité d'une entité économique, telle une entreprise, une association ou une administration.

▶ Il existe ainsi une **comptabilité nationale** qui dresse chaque année les comptes de la nation, une **comptabilité publique** relative aux administrations et une **comptabilité privée** dont les principes s'appliquent aux entreprises.

▶ Les outils et les méthodes de la comptabilité d'entreprise sont définis de façon formelle par le **plan comptable général** (PCG).

▶ **L'actif** est constitué de la valeur des biens matériels et immatériels détenus par l'entreprise.

▶ **Le passif** recense l'ensemble des dettes de l'entreprise.

B Qu'est-ce qu'un compte de résultat ?

Contrairement au bilan, qui présente une vision statique du patrimoine de l'entreprise, le compte de résultat souligne le niveau de performance de l'entreprise en mettant en relation l'ensemble des produits issus de l'activité de l'entreprise et l'ensemble des charges qui ont été nécessaires à la production. L'examen du compte de résultat permet à l'ensemble des parties prenantes de la firme (salariés, actionnaires, dirigeants) d'émettre un **diagnostic sur la « bonne santé » de l'entreprise**.

1. Produits et charges

- **Les produits** correspondent à la richesse dégagée par l'entreprise (vente de la production, activité de service, revenu d'investissements boursiers).
- **Les charges** sont attachées à toutes les dépenses occasionnées par l'activité de production de l'entreprise, comme l'achat des matières premières, les rémunérations de la force de travail, l'usure des biens d'équipement, le coût des emprunts, etc.

2. Le résultat : bénéfice ou perte ?

Pour obtenir le résultat de l'exercice annuel, il faut soustraire les charges des produits. On obtient alors un solde positif lorsque l'entreprise dégage un bénéfice, ou un solde négatif lorsque l'entreprise enregistre une perte.

Résultat = produits – charges

RÉCAPITULONS

- L'activité productive repose sur la combinaison de facteurs de production associant le travail humain et le capital technique. La mobilisation de ces facteurs suppose des coûts de production qui doivent être compensés par des recettes.
- La contribution des facteurs de production à la réalisation du produit est mesurée par la productivité, notamment la productivité du travail.
- Les performances de l'entreprise sont évaluées à partir des documents comptables, tels le bilan et le compte de résultat.

Calculer un coût total et un coût total moyen

DÉFINITION

- Le coût total représente la somme des coûts fixes et des coûts variables nécessaires à une production donnée.
- Le coût total moyen (attaché à l'idée de moyenne) consiste à faire apparaître le coût de production pour chaque unité de produit.

Les **coûts variables** évoluent positivement avec le niveau des quantités produites.

MÉTHODE

Coût total = coûts fixes + coûts variables

$$\text{Coût total moyen} = \frac{\text{coût total}}{\text{quantités produites}}$$

APPLICATION

Une entreprise artisanale fabricant des copies d'horloges anciennes présente les données chiffrées suivantes pour une année de référence :

Quantités produites	120 unités
Coûts fixes	100 000 €
Coûts variables	30 000 €

En utilisant les formules développées ci-dessus :

Coût total =100 000 € + 30 000 € =130 000 €

$$\text{Coût total moyen} = \frac{130\,000}{120} = 1\,083{,}33\ €$$

SE TESTER QUIZ

1 Vrai ou faux ?

	Vrai	Faux
1. Le capital fixe est intégralement détruit lors d'un cycle de production.	☐	☐
2. Le coût total moyen est égal à la somme des coûts fixes et variables rapportée au nombre de produit fabriqués.	☐	☐
3. La recette moyenne est égale à la recette totale divisée par le nombre de produits vendus.	☐	☐
4. Les rendements factoriels reposent sur l'augmentation des mêmes quantités de chacun des facteurs de production.	☐	☐
5. Les immobilisations incorporelles figurent au passif du bilan.	☐	☐
6. Le capital circulant reste durablement dans le patrimoine de l'entreprise.	☐	☐

2 QCM

Choisissez la proposition exacte.

La productivité apparente du travail définie par l'Insee est le rapport entre :

1. La valeur ajoutée et le chiffre d'affaires.

2. La valeur ajoutée et les effectifs pondérés par la durée légale du travail.

3. La valeur ajoutée et le bénéfice.

S'ENTRAÎNER

3 Le vocabulaire du chef d'entreprise

Complétez le texte ci-dessous avec les mots suivants : *capital circulant, capital fixe, capital technique, combinaison productive, facteurs de production, facteur travail.*

Pour produire et ainsi répondre aux commandes de ses clients, un imprimeur a besoin de ressources que l'on appelle des .... Il lui faut des machines et des matières premières indispensables à son activité, il s'agit du .... Ce dernier se divise entre le .... comme les presses et le .... comme l'encre et le papier. Parallèlement, les machines ne fonctionnant pas toutes seules, il a besoin de recruter des salariés qui constituent le ……… Ce chef d'entreprise a notamment comme mission d'associer le travail et le capital, c'est-à-dire réaliser la ……… .

4 Coût total et coût total moyen

Une entreprise spécialisée dans les produits alimentaires pour animaux présente les données suivantes pour son activité annuelle en 2011.

Quantités produites	Coûts fixes	Coûts variables
150 000 unités	120 000 euros	75 000 euros

Calculez le coût total et le coût total moyen de la production de cette entreprise.

5 Questions clés

Construisez une réponse rapide aux trois questions suivantes.

1. Qu'appelle-t-on combinaison des facteurs de production ?
2. Comment mesure-t-on la productivité du travail ?
3. Quelles différences peut-on établir entre le bilan et le compte de résultat ?

OBJECTIF BAC

6 Productivité et dynamisme économique

En vous aidant des documents ci-dessous, traitez le sujet suivant : « En quoi la productivité est-elle nécessaire à la dynamique économique ? »

DOCUMENT 1

« Les gains de productivité ne disparaissent pas dans la nature. D'une manière ou d'une autre, ils contribuent à réduire les prix de vente, à augmenter les salaires ou les revenus des propriétaires du capital (…). Les prix des produits manufacturés ont sensiblement baissé grâce aux gains de productivité : avec son revenu annuel, un salarié au bas de l'échelle peut aujourd'hui acheter une voiture de type Clio alors qu'il y a un demi-siècle, il pouvait tout juste acheter une bicyclette.

Denis Clerc, *Alternatives économiques*, hors série n° 71, 1er trimestre 2007.

DOCUMENT 2 **Les gains de productivité**

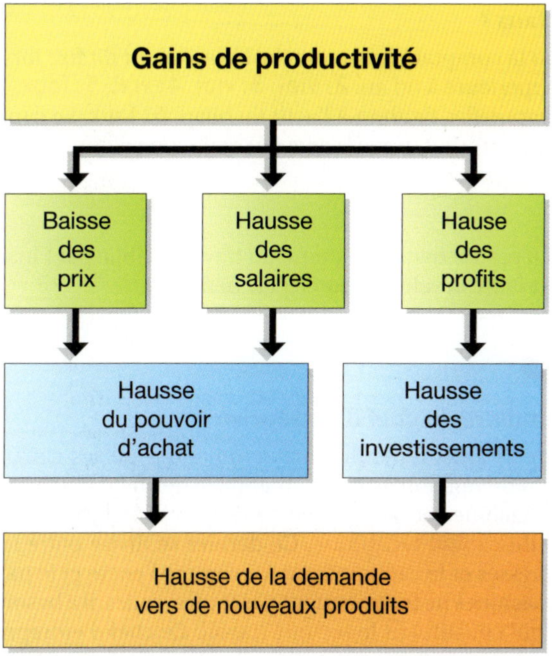

POUR VOUS AIDER

Il s'agit de montrer en quoi la productivité est nécessaire à la dynamique économique de l'entreprise, mais aussi de l'économie nationale. Vous devez montrer que les gains de productivité sont favorables à l'ensemble des acteurs du système économique.

SE TESTER

1 Vrai ou faux ?

1 : faux. Selon la comptabilité nationale, le capital est dit fixe lorsque son utilisation est supérieure à un an. **2 : vrai. 3 : vrai. 4 : vrai. 5 : faux.** Les immobilisations incorporelles figurent à l'actif du bilan. **6 : faux.** Le capital circulant est incorporé au produit durant l'acte de production comme, par exemple, les matières premières.

2 QCM

Réponse 3. La productivité apparente du travail, établie par l'Insee, se définit par le rapport entre la valeur ajoutée et le bénéfice.

S'ENTRAÎNER

3 Le vocabulaire du chef d'entreprise

Pour produire et ainsi répondre aux commandes de ses clients, un imprimeur a besoin de ressources que l'on appelle des **facteurs de production**. Il lui faut des machines et des matières premières indispensables à son activité, il s'agit du **capital technique**. Ce dernier se divise entre le **capital fixe** comme les presses et le **capital circulant** comme l'encre et le papier. Parallèlement, les machines ne fonctionnant pas toutes seules, il a besoin de recruter des salariés qui constituent le **facteur travail**. Ce chef d'entreprise a notamment comme mission d'associer le travail et le capital, c'est-à-dire réaliser la **combinaison productive**.

4 Coût total et coût total moyen

Coût total = 120 000 + 75 000 = 195 000 euros

$$\text{Coût total moyen} = \frac{195\,000}{150\,000} = 1{,}30 \text{ euro}$$

5 Questions clés

1. Qu'appelle-t-on combinaison des facteurs de production ?

La combinaison des facteurs de production – ou combinaison factorielle – repose sur la responsabilité du dirigeant d'entreprise. Il associe le travail humain et les biens d'équipement (capital technique), et se procure sur le marché les ressources indispensables à un niveau donné de production.

2. Comment mesure-t-on la productivité du travail ?

On peut estimer la productivité du travail d'un point de vue des unités produites, on parle alors de productivité physique. On peut également mobiliser la notion de productivité apparente du travail de l'Insee, qui consiste à rapporter la valeur ajoutée aux effectifs salariés en tenant compte de la durée du travail.

3. Quelles différences peut-on établir entre le bilan et le compte de résultat ?

Le bilan présente l'entreprise d'un point de vue patrimonial, c'est-à-dire ce qu'elle possède et ce dont elle est redevable auprès de ses propriétaires et de tiers extérieurs à l'entreprise. En revanche, le compte de résultat est relatif à l'activité de l'entreprise. Il s'agit de savoir si l'entreprise a dégagé un bénéfice ou si, au contraire, l'exercice se solde par une perte.

OBJECTIF BAC

6 Productivité et dynamisme économique

En quoi la productivité est-elle nécessaire à la dynamique économique ?

Les gains de productivité permis par l'amélioration de la combinaison productive se traduisent par une dynamique favorable à la croissance de l'entreprise et de l'économie nationale. L'augmentation de la productivité se traduit d'abord par l'amélioration des revenus des facteurs (propriétaires du capital et salariés). On assiste ainsi à une augmentation des revenus du capital sous forme de bénéfices ou de dividendes pour les entreprises sociétaires (SA).

Les consommateurs n'y perdent pas au change. Le prix des biens et des services diminuent, entraînant une amélioration du pouvoir d'achat. L'augmentation des salaires associée à une baisse du prix des biens se traduit alors par l'apparition d'un cercle vertueux de croissance économique mis en évidence par le document 2.

L'augmentation de la productivité est également l'un des facteurs clés de la compétitivité des entreprises dans la compétition internationale.

La conclusion permet d'élargir l'argumentation développée.

www.annabac.com

CHAPITRE

3 La coordination par le marché et la concurrence

L'activité économique, articulée autour de la production, de la répartition et de la consommation des richesses, rend indispensable l'existence d'une mécanique régulatrice. Tel est le rôle du marché, qui coordonne l'ensemble des décisions économiques par la confrontation de l'offre et de la demande de produits. Il détermine en outre la formation des prix, qui assure l'équilibre entre ce qui est offert et ce qui est demandé.

I Qu'est-ce qu'un marché ?

Le marché est le lieu de rencontre entre une offre et une demande relatives à un produit déterminé, qu'il s'agisse d'un bien matériel ou d'un service. À l'intérieur d'un système économique on trouve différents marchés, en fonction de la nature des biens échangés.

A Les différents types de marché

- Le **marché des biens et services de consommation** satisfait la consommation finale des ménages. Dans la plupart des cas, les consommateurs se rendent chez les distributeurs (commerce de détail, grands magasins, grandes enseignes comme Carrefour ou Leclerc).

La consommation des ménages est dite « **finale** » par rapport à la consommation intermédiaire qui caractérise les entreprises.

- Sur le **marché des biens et services de production,** les vendeurs et les acheteurs sont des entreprises. On peut distinguer le marché des matières premières ou produits de base (marchés du pétrole, du cuivre, de l'or industriel) et le marché des biens d'équipement (machines-outils, matériel à usage professionnel, etc.).
- **Le marché du travail** permet la confrontation de l'offre de travail (les femmes et les hommes à la recherche d'un emploi) et de la demande de travail (celle des entreprises). Les petites annonces des journaux, les services de

Pôle emploi ou des cabinets en recrutement sont autant d'espaces de rencontre entre les travailleurs et les entreprises.

- **Le marché du capital**, ou **marchés financiers**, met en relation l'offre et la demande de capitaux à court terme (marché monétaire), et de capitaux à long terme (marché financier). Sur ce dernier marché, les transactions portent sur des valeurs mobilières (actions, obligations) ou des titres de créances publics ou privés. L'un des compartiments du marché financier est bien connu des épargnants, puisqu'il s'agit de la Bourse des valeurs.

B La dimension des marchés

- **Le marché local** ou **régional** a longtemps été, dans les économies traditionnelles, le seul marché existant en raison de l'insuffisance des moyens de transport. Il constitue encore aujourd'hui une sorte de sous-ensemble de l'économie nationale pour certaines activités, notamment pour le commerce dit « de proximité ».
- **Le marché national**, ou **marché domestique**, est concentré dans les limites territoriales de l'économie nationale. On parle ainsi du marché français, du marché allemand ou du marché américain. Pour développer ses activités hors de son marché national, une entreprise française peut chercher à exporter sur le marché allemand ou sur le marché américain pour toucher l'ensemble des consommateurs allemands ou américains.
- **Le marché mondial** est devenu une réalité pour un grand nombre de firmes. Les dépenses en recherche-développement, l'importance des capitaux mis en jeu, la recherche de la réduction des coûts nécessitent une production et une distribution à l'échelle planétaire. Les grandes entreprises de l'automobile, de l'aéronautique ou de l'électroménager produisent ainsi des biens et des services destinés aux consommateurs du monde entier.

> La **recherche-développement** caractérise les dépenses des entreprises associées au lancement d'un nouveau produit, à un nouveau procédé de fabrication ou à l'amélioration de ceux qui existent déjà.

II Marchés et droits de propriété

A Le marché, lieu d'échange de droits de propriété

- Vous souhaitez acheter ou vendre une maison, vous êtes l'inventeur d'un nouveau procédé pour éplucher les pommes de terre, vous voulez faire publier votre roman… Que vous soyez acheteur ou vendeur, c'est sur le marché que vous pouvez obtenir satisfaction.

ZOOM

Les acteurs du marché et la « main invisible »

▶ Dans son livre *La Richesse des nations* (1776), l'économiste britannique Adam Smith cherche à démontrer l'efficacité des mécanismes du marché concurrentiel et notamment comment celui-ci permet de pourvoir à la satisfaction des besoins du plus grand nombre.

▶ Dans une économie où règne la **division du travail**, où chacun s'est spécialisé dans un type particulier d'exercice professionnel, il se crée une société commerçante. Pour vendre son produit, chaque producteur doit rivaliser avec tous les autres de manière à attirer l'attention des consommateurs. Le revenu qu'il tirera de son activité est donc fonction de son **efficacité** dans son domaine d'activité. Le revenu du producteur étant lié à la satisfaction du consommateur, celui qui chercherait à s'enrichir en s'épargnant la peine de servir le client ou en pratiquant des prix beaucoup trop élevés serait condamné à faire faillite. En servant ses intérêts égoïstes (c'est-à-dire la recherche du profit le plus élevé possible) le producteur est, presque malgré lui, incité à pourvoir aux besoins de la collectivité comme s'il y était poussé par une **main invisible**. Le marché et la concurrence permettent de passer de la recherche de l'intérêt personnel à la satisfaction des attentes de l'ensemble des agents économiques.

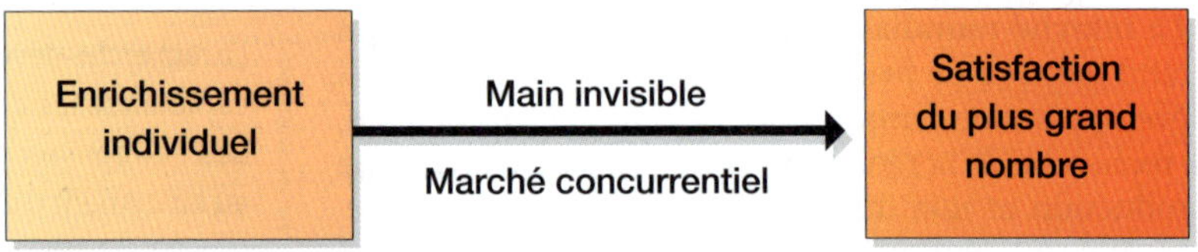

■ Si sur le marché s'échangent des biens et des services, ce sont en réalité des droits de propriété qui font l'objet de la transaction : vous allez **échanger un droit de propriété contre une certaine quantité de monnaie**.

■ Il en va de même sur le marché financier : si vous achetez 100 actions France Télécom, vous devenez propriétaire d'une très modeste partie du capital social de France Télécom. Vous avez échangé vos droits de propriété sur une certaine somme en euros contre des droits de propriété sur une partie des titres d'une société cotée en Bourse.

LES DROITS DE PROPRIÉTÉ

Les droits de propriété, d'un point de vue juridique, reposent sur trois attributs.

- L'*usus* est le droit d'utiliser un bien. Un particulier achète un appartement, en devient propriétaire et occupe son appartement pour se loger.
- Le *fructus* est le droit de tirer un revenu du bien que l'on possède. Ainsi, un propriétaire peut louer son appartement afin d'en retirer un revenu sous forme de loyer.
- L'*abusus* est le droit de disposer d'un bien. Un propriétaire peut transformer ou vendre son appartement. Il peut le léguer à ses descendants ou à une association caritative.

B Les limites du droit de propriété

Le droit de propriété, défini par le Code civil, se caractérise « par le droit de jouir et disposer des choses de la manière la plus absolue pourvu qu'on n'en fasse pas un usage prohibé par la loi ou les règlements ». Le droit de propriété n'est donc pas absolu, mais relatif.

Le plus souvent, c'est l'État qui limite par la loi l'exercice des droits de propriété, en raison de la défense de l'intérêt général.

La loi, expression de la volonté générale, peut restreindre le droit de propriété. Le propriétaire d'un logement ne peut troubler ses voisins par des nuisances sonores. Si le propriétaire loue son appartement, il doit respecter la législation en matière de baux de location et de définition du montant des loyers. Enfin, une procédure d'expropriation pour cause d'utilité publique peut l'amener, contre son gré, à céder son bien dans le cas de la construction d'une nouvelle autoroute.

III Qu'est-ce qu'un marché concurrentiel ?

Un marché concurrentiel est un marché où interviennent un grand nombre de vendeurs face à un grand nombre de consommateurs. Les économistes ont proposé un cadre théorique caractérisant un marché idéalement concurrentiel, il s'agit de la **concurrence pure et parfaite** (CPP) qui repose sur cinq caractéristiques.

A L'atomicité de l'offre et de la demande

La première caractéristique de ce marché idéal est liée au grand nombre de vendeurs, du côté de l'offre, et au grand nombre d'acheteurs du point de vue de la demande.

La **multiplicité des participants sur le marché** (l'atomicité de l'offre et de la demande) fait qu'aucun d'entre eux ne peut influer d'une quelconque façon sur le niveau global des transactions. Aucun vendeur, aucun consommateur ne peut modifier, par son activité individuelle, la demande et l'offre globale et ainsi imposer ses prix sur le marché.

On dit que les entreprises sont *price takers* et non *prices makers*, c'est-à-dire que le prix des produits résulte de la rencontre entre l'offre et la demande et non pas de la seule volonté des chefs d'entreprise d'augmenter leur chiffre d'affaires.

B L'homogénéité des produits

Les produits sont tous semblables et on ne peut les différencier les uns des autres. Les produits sont donc substituables entre eux (si une automobile est semblable à toutes les autres automobiles, le consommateur restera indifférent dans son choix entre un véhicule proposé par un premier vendeur et un véhicule présenté par un second vendeur ; il n'existe pas de marques, pas de modèles différents, pas d'options).

C La libre entrée dans l'industrie

La troisième caractéristique repose sur la libre entrée dans l'industrie. Il n'existe **pas de blocages** venant contrecarrer l'entrée d'un nouvel entrepreneur dans une branche de l'économie réalisant un produit donné. Une nouvelle entreprise peut venir s'insérer au sein d'un tissu d'entreprises plus anciennes. Le marché d'un produit reste toujours ouvert.

D La transparence du marché

Les vendeurs et les acheteurs possèdent la **totalité des informations nécessaires** à leurs transactions. Les uns et les autres sont parfaitement au courant des quantités offertes et demandées, de même que les prix auxquels se déroulent les transactions. On peut prendre l'exemple de la Bourse des valeurs : chaque investisseur boursier, qu'il soit acheteur ou vendeur de titres, sait à tout moment à quel prix s'effectuent les cotations.

E La fluidité du marché

La fluidité du marché est relative à la mobilité des facteurs de production, c'est-à-dire du travail et du capital. Il s'agit de la **liberté d'entrée et de sortie des facteurs de production** par rapport à une activité économique particulière.

Ainsi, le détenteur d'un capital financier peut déplacer ses actifs d'un titre à un autre, d'une place financière à une autre.

ZOOM

Le marché de concurrence pure et parfaite n'est qu'un modèle

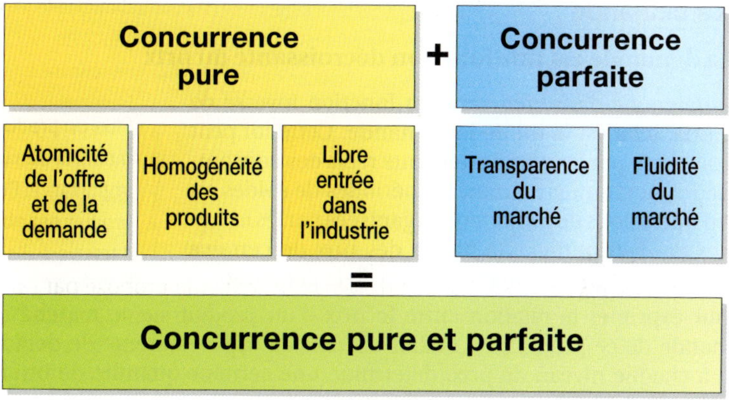

▲ **Caractéristiques de la concurrence pure et parfaite**

▶ À la fin du XIXe siècle, les économistes néoclassiques construisent un **modèle de marché idéal et théorique**, caractérisé par une situation optimale du point de vue de la concurrence, la concurrence « pure et parfaite ».

▶ Mais dans l'**économie réelle** :

– l'atomicité de l'offre et de la demande ne peut exister : la plupart des marchés sont dominés par de grandes entreprises qui sont en mesure d'influer sur le niveau global des transactions ;

– de multiples groupes de pression, de même que l'État, viennent limiter le jeu spontané de la concurrence ;

– l'homogénéité des produits n'existe pas : chaque firme, chaque marque essaie de singulariser ses produits de ceux de la concurrence.

IV Comment se détermine le prix d'équilibre sur le marché ?

A La demande

1. La demande est une fonction décroissante du prix

- La demande d'un bien varie en fonction inverse de son prix, telle est la **loi de la demande**. Cette loi peut être illustrée par les comportements réels des consommateurs, notamment durant les périodes de soldes ou lors d'opérations de promotion organisées par les entreprises de distribution : la baisse des prix de certains produits entraîne une augmentation de la demande.

> Plus un produit est cher, moins la demande est importante. Plus le **prix** d'u produit est abordable, plus il trouvera d'acquéreurs.

- Pour exprimer la relation entre le prix d'un produit sur le marché et la demande de ce produit, on établit un tableau appelé barème de demande qui, à chaque niveau de prix, détermine une certaine quantité de produits pouvant être achetée par les consommateurs.

Fonction de demande d'un produit x

Prix possible du produit	Demande annuelle du produit (en milliers)
5 €	7
4 €	9
3 €	12
2 €	30
1 €	50

2. La courbe de demande

En reportant les résultats du tableau ci-dessus sur deux axes, on obtient une courbe de demande. Les prix apparaissent en abscisse (axe horizontal) et les quantités demandées en ordonnée (axe vertical). La pente négative de la courbe de demande illustre la décroissance de la demande quand les prix augmentent.

> Le niveau de la demande annuelle du produit x est de 50 000 unités à un pri de vente unitaire d'1 euro il baisse à 30 000 lorsque le produit passe à 2 euros et ainsi de suite.

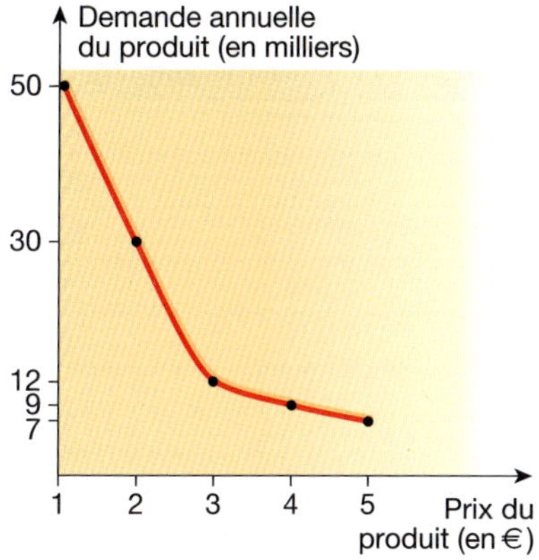

Courbe de demande du produit *x*

■ Certains produits échappent à la loi de la demande :
– les biens de première nécessité qui sont achetés quel que soit leur prix (produits alimentaires) ;
– les biens de luxe, destinés aux catégories sociales les plus favorisées qui souhaitent se différencier du commun des consommateurs par l'achat de biens attestant de leurs capacités pécuniaires.

L'économiste américain Thorstein Veblen a montré, en étudiant les pratiques de consommation de la bourgeoisie américaine de la fin du XIXe siècle, que la consommation était à la fois un acte économique et un comportement social.

B L'offre

1. L'offre est une fonction croissante du prix

■ Les quantités offertes par les producteurs sont aussi déterminées par leur prix sur le marché.

■ Les entreprises doivent assumer de nombreux coûts pour produire les biens et les services mis en vente sur le marché (salaires, achats de biens d'équipement, impôts, etc.). Elles souhaitent donc couvrir ces coûts et, au-delà de cet impératif, maximiser leur profit.

Le **profit** est défini comme la différence entre le chiffre d'affaires et les coûts de production.

■ Le responsable d'entreprise cherche donc à la fois à minimiser les coûts et à accroître le chiffre d'affaires (prix de vente des produits multiplié par les quantités vendues) : l'intérêt de produire le bien *x* évolue donc avec l'augmentation de son prix de marché. Plus le prix d'un produit est élevé sur le marché (la demande et les coûts de production étant constants), plus le chiffre d'affaires – et donc le profit – augmentent.

Fonction d'offre d'un produit x

Prix possible du produit	Offre annuelle du produit
5 €	35
4 €	20
3 €	12
2 €	7
1 €	0

2. La courbe d'offre

La courbe d'offre consiste à faire apparaître les prix en abscisse et les quantités susceptibles d'être produites en ordonnée. La pente positive de la courbe de demande illustre la croissance de l'offre quand les prix augmentent.

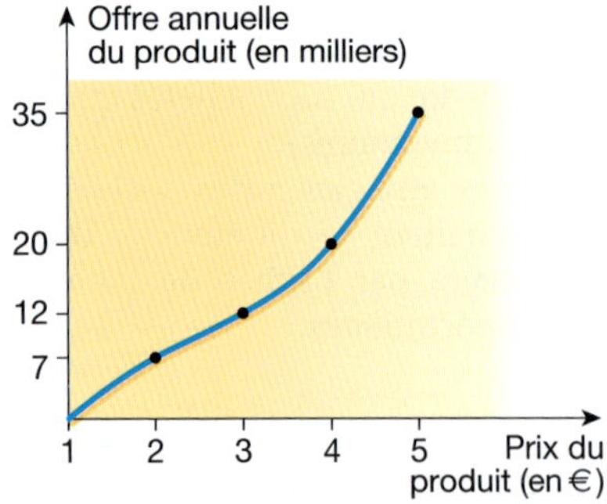

Courbe d'offre du produit x

3. L'équilibre entre l'offre et la demande

La confrontation des courbes de demande et d'offre permet d'obtenir un équilibre de marché qui correspond à l'égalité entre les quantités offertes par les entreprises et les quantités demandées par les consommateurs. Ainsi apparaît le prix d'équilibre du produit x, déterminé par l'intersection des courbes d'offre et de demande. Dans notre exemple, le prix d'équilibre pour le produit x est de 3 euros.

Équilibre de marché d'un produit x

Prix possible du produit	Quantités demandées (en milliers)	Quantités offertes (en milliers)	Situation du marché	Action sur les prix
5 €	7	35	Excédent	Baisse
4 €	9	20	Excédent	Baisse
3 €	12	12	Équilibre	Neutre
2 €	30	7	Pénurie	Hausse
1 €	50	0	Pénurie	Hausse

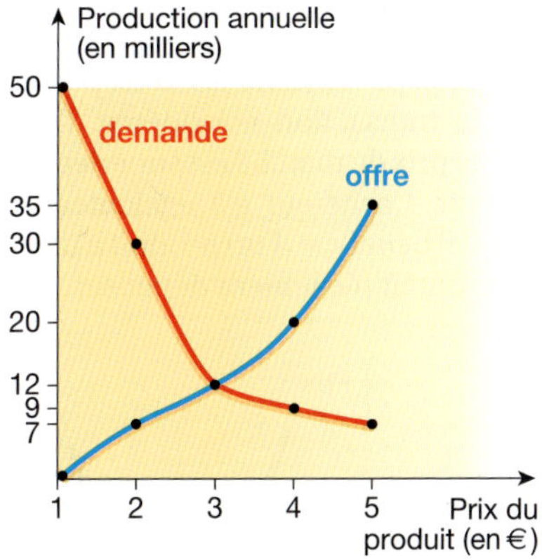

Prix d'équilibre du produit x

V Qu'est-ce que le surplus du consommateur et du producteur ?

A La notion de surplus

- Dans un marché parfaitement concurrentiel, les prix se forment par l'**ajustement entre les quantités offertes et les quantités demandées**. Le prix final, que les intervenants sur le marché ne connaissent pas par avance, peut leur permettre d'enregistrer un gain que l'on qualifie de surplus.
- Un vendeur propose sur un site de vente par enchères un DVD d'occasion au prix qui lui semble raisonnable de 5 euros. Un acheteur est intéressé par le film. Il sait qu'il n'est pas le seul à vouloir acquérir le DVD et que le prix

ne peut qu'augmenter, et se donne comme limite à son achat la somme de 12 euros. Si, à la fin des enchères, le prix du DVD se détermine à la hauteur de 8 euros, l'acheteur enregistre un gain de 4 euros, puisqu'il voulait monter jusqu'à 12 euros. Quant au vendeur, il gagne 3 euros puisqu'il acceptait de vendre son produit 5 euros.

- Le surplus du consommateur ou du producteur peut se définir comme la **différence entre le niveau de leurs enchères individuelles sur le marché et les prix issus de l'agrégation de la totalité des offres et des demandes relatives à un produit**. Dans notre exemple le surplus du consommateur est de 4 euros et le surplus du vendeur est de 3 euros.

B La représentation graphique de ce surplus

L'intersection de la courbe d'offre et de demande détermine le prix d'équilibre qui peut satisfaire les deux parties contractantes dans la transaction considérée. Le vendeur gagne parce que le prix de marché est supérieur à ce qu'il comptait obtenir. L'acheteur est également gagnant dans la mesure où il bénéficie d'un produit à un prix inférieur à ce qu'il comptait réellement dépenser.

N'oubliez pas que cette hypothèse s'inscrit dans la perspective d'un marché parfaitement concurrentiel.

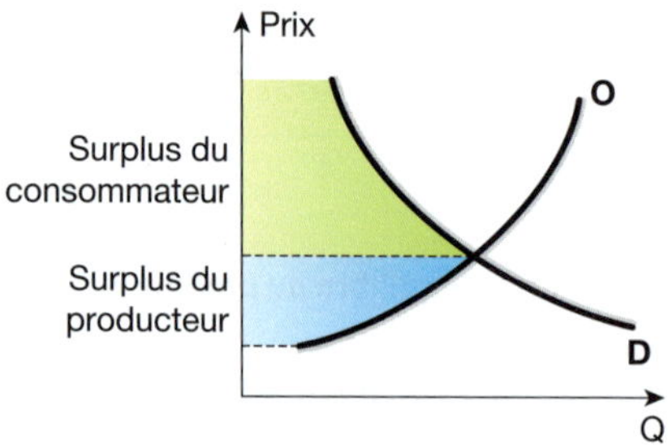

Prix d'équilibre et surplus

RÉCAPITULONS

- Le marché permet la rencontre entre l'offre et la demande de biens et de services.
- Un marché concurrentiel repose sur la présence d'un grand nombre de vendeurs qui rivalisent entre eux pour satisfaire les besoins des consommateurs au prix le moins élevé. Le prix d'équilibre sur le marché correspond au point de rencontre entre la courbe d'offre et la courbe de demande.
- Le surplus du consommateur découle d'un prix de marché inférieur à celui qu'il avait envisagé en début de transaction. Le surplus du producteur découle d'un prix de marché supérieur au prix d'entrée sur le marché.

Calculer l'élasticité de la demande par rapport au prix, ou élasticité-prix

DÉFINITION

La notion d'élasticité, développée par l'économiste néoclassique britannique Alfred Marshall (1842-1924) dans ses *Principes d'économie politique* (1890), établit une relation de causalité entre deux variables : une variable **dépendante** et une variable **explicative**. Ainsi, on peut chercher à savoir quelle sera l'évolution de la demande d'un bien de consommation (variable dépendante) par rapport à l'évolution de son prix (variable explicative).

MÉTHODE

L'élasticité de la demande par rapport aux prix, ou élasticité-prix (eP) détermine la sensibilité de la demande aux variations du prix d'un produit déterminé. On peut calculer le coefficient d'élasticité de la demande par rapport au prix de la façon suivante :

$$\text{eP} = \frac{\text{taux de variation de la quantité demandée (en \%)}}{\text{taux de variation du prix (en \%)}}$$

APPLICATION

Demande d'un produit *x* par rapport à son prix sur deux années successives :

	2005	**2006**
Demande	1 000 ventes	800 ventes
Prix	300 €	350 €

Taux de variation des quantités demandées et des prix du produit *x* entre 2005 et 2006 :

$$\textbf{eP} = \frac{\mathbf{-\,20\ \%}}{\mathbf{16{,}66\ \%}} = \mathbf{-\,1{,}2}$$

Selon Marshall, l'élasticité peut être grande ou faible, suivant que la quantité demandée augmente beaucoup ou peu pour une baisse du prix du produit, et diminue beaucoup ou peu pour une hausse du prix du produit.

SE TESTER QUIZ

1 Vrai ou faux ?

	Vrai	Faux
1. Sur le marché du travail, la demande de travail est celle des entreprises.	☐	☐
2. Dans le modèle de la concurrence pure et parfaite, la libre entrée dans l'industrie suppose que les consommateurs peuvent se retirer à tout moment du marché.	☐	☐
3. Le *fructus* est le droit de tirer un revenu du bien que l'on possède.	☐	☐
4. Sur un marché idéalement concurrentiel, les entreprises sont en position de « *price makers* ».	☐	☐
5. L'offre est une fonction décroissante du prix.	☐	☐

2 QCM

En vous aidant du graphique ci-dessous, caractérisez la consommation de tabac.

Consommation de tabac et prix du paquet de cigarette

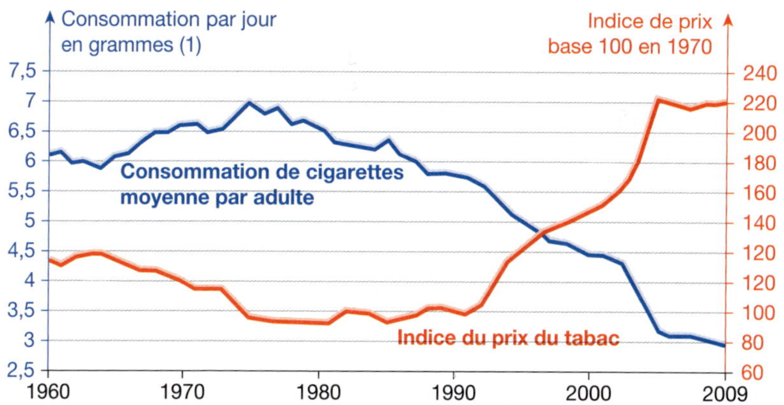

(1) Une cigarette contient environ 1 gramme de tabac en moyenne

Source : Insee, *Tableau de l'économie française*, 2010.

La consommation de tabac est :

1. Une fonction croissante de son prix.

2. Une fonction décroissante de son prix.

S'ENTRAÎNER

3 Le vocabulaire du marché

Complétez le texte ci-dessous avec les mots suivants : *biens et services de consommation, capital, demande, échange, économies de marché, offre, régulation, travail.*

Le marché est le lieu de l'......... Il permet la confrontation entre l'......... et la .... Il existe différents marchés. Lorsque nous avons besoin d'acheter une automobile ou de la faire réparer, nous nous rendons sur le marché des......... Quand nous recherchons un emploi, nous avons recours au marché du .... Si nous souhaitons investir en Bourse, nous sommes demandeurs de produits financiers sur le marché du .... La plupart des économies mondiales sont des .... Le marché assure la .... de l'activité économique.

4 L'élasticité-prix... d'un saut à l'élastique

	2010	2011
Demande	600	900
Prix	20 €	15 €

Afin d'améliorer son chiffre d'affaires, le responsable d'une base de loisirs décide de baisser ses tarifs.

Calculez l'élasticité de la demande par rapport au prix du saut à l'élastique.

5 Questions clés

Construisez une réponse rapide aux trois questions suivantes.

1. Qu'appelle-t-on loi de l'offre et de la demande ?
2. Qu'est-ce que la transparence du marché ?
3. Que désigne la notion de surplus du consommateur ?

OBJECTIF BAC

6 Les marchés mondiaux

En vous aidant des documents ci-après, traitez le sujet suivant : « Pourquoi les marchés sont-ils aujourd'hui devenus mondiaux ? »

DOCUMENT 1 Les distributeurs à la conquête de nouveaux marchés

« La saturation des marchés intérieurs, l'apparition de nouveaux débouchés et l'uniformisation des goûts ont contribué à accélérer l'internationalisation de la distribution. Dans le monde, l'uniformisation des goûts et des aspirations des consommateurs est à l'origine d'une internationalisation rapide de la distribution. (…). C'est au cours des années 80 que la distribution européenne s'est véritablement développée. Durant cette période, les entreprises ont opté pour une méthode comparable à celle du saut de puce, en franchissant la frontière qui les séparait du pays voisin. Ce sont les distributeurs d'articles vestimentaires qui ont ouvert la voie. Certains – notamment Benetton, Laura Ashley et, dans une moindre mesure, Stefanel – ont cherché à s'implanter dans le monde entier, au lieu de limiter leurs ambitions au pays voisin. Pendant la seconde moitié de la décennie, l'expansion a été dominée par les grandes entreprises de distribution alimentaire. Les grandes chaînes d'hypermarchés françaises (Auchan, Carrefour, Promodès) se sont lancées à l'assaut des marchés portugais et espagnol, alors que les chaînes allemandes de magasins discount (Aldi, Lidl & Schwarz) entamaient leur progression à l'Ouest.

Les Échos, 23 novembre 2008.

DOCUMENT 2 La chute du coût du transport maritime

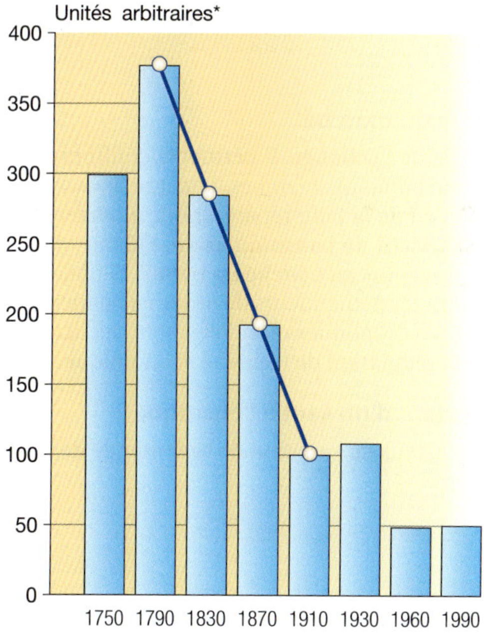

* En base 100 en 1910.

Source : Allegret et Le Merrer (2007) d'après Kevin H. O'Rourke, 2002.

SE TESTER

1 Vrai ou faux ?

1 : vrai. 2 : faux. La libre entrée dans l'industrie repose sur l'absence de barrières à l'entrée qui empêcheraient l'arrivée de nouvelles entreprises sur un marché. **3 : vrai. 4 : faux.** Dans le modèle de concurrence pure et parfaite, les entreprises ne « font pas » les prix, ceux-ci sont déterminés par le marché, en, dehors des stratégies des entreprises. **5 : faux.** L'offre est une fonction croissante du prix. Plus celui-ci est élevé, plus les entreprises – nouvelles ou anciennes – ont intérêt à se positionner sur le marché.

2 QCM

Réponse 2.

De 1975 à 1990, l'indice du prix du tabac n'a pas augmenté, cependant on remarque une nette diminution de la consommation de cigarette.

De 1990 à 2009, l'indice du prix du tabac augmente et on continue de remarquer une décélération de la consommation.

S'ENTRAÎNER

3 Le vocabulaire du marché

Le marché est le lieu de l'**échange**. Il permet la confrontation entre l'**offre** et la **demande**. Il existe différents marchés. Lorsque nous avons besoin d'acheter une automobile ou de la faire réparer, nous nous rendons sur le marché des **biens et des services de consommation**. Quand nous recherchons un emploi, nous avons recours au marché du **travail**. Si nous souhaitons investir en Bourse, nous sommes demandeurs de produits financiers sur le marché du **capital**. La plupart des économies mondiales sont des **économies de marché**. Le marché assure la **régulation** de l'activité économique.

4 L'élasticité-prix... d'un saut à l'élastique

Il s'agit de calculer le taux de variation de la demande de sauts à l'élastique et du prix de ce service.

$$eP = \frac{50\ \%}{25\ \%} = 2$$

5 Questions clés

1. Qu'appelle-t-on loi de l'offre et de la demande ?

La loi de l'offre et de la demande suppose que l'offre d'un bien s'accroisse au fur et à mesure de l'augmentation de son prix puisque de plus en plus de vendeurs seront intéressés par la production de ce bien.
Inversement, la demande d'un bien augmente lorsque son prix diminue.

La **transparence** ne prend pas en considération la qualité des produits.

2. Qu'est-ce que la transparence du marché ?

La transparence du marché est l'une des cinq caractéristiques de la concurrence pure et parfaite (CPP). Elle suppose que les producteurs et les acheteurs soient parfaitement informés de l'ensemble des conditions du marché (quantité et prix des produits).

3. Que désigne la notion de surplus du consommateur ?

Le surplus du consommateur est une situation de marché où ce dernier bénéficie d'un gain, dans la mesure où le prix qu'il paie est inférieur à celui qu'il s'attendait à payer.

OBJECTIF BAC

6 Les marchés mondiaux

Pourquoi les marchés sont-ils aujourd'hui devenus mondiaux ?

Auparavant cantonnées aux marchés nationaux, les grandes entreprises – dont la distribution – ont cherché par des stratégies d'internationalisation à développer leurs activités en dehors de leurs frontières historiques. La saturation des débouchés nationaux ne pouvait qu'impliquer la recherche à l'extérieur de nouveaux clients. Ce processus apparaît dès le début des années 1980.

En mobilisant les informations du document 1, on témoigne des **stratégies d'internationalisation** des entreprises.

La quasi-disparition des droits de douane, associée à la renaissance du libéralisme et à l'uniformisation des goûts liés à la diffusion d'une culture mondiale, a contribué à créer un marché mondial. Par ailleurs, comme le montre le document 2, les conditions techniques de transport des marchandises ont rendu possible le transport de produits d'un bout à l'autre de la planète pour un coût réduit : en base 100 en 1910, le transport maritime ne représentait plus que 50 en 1990.

Aujourd'hui, les marchés sont, dans la plupart des cas, des marchés mondiaux. La croissance et le développement de nombreuses entreprises passent souvent par un développement à l'international.

CHAPITRE

4 Les marchés de concurrence imparfaite

Les marchés réels sont très éloignés du marché idéal, parfaitement concurrentiel et autorégulateur. Les dirigeants d'entreprise cherchent à acquérir une position dominante, et les consommateurs sont confrontés à quelques vendeurs cherchant à imposer leurs produits à des prix qui satisfont surtout leurs actionnaires. Les pouvoirs publics interviennent pour remédier aux défaillances du marché par la défense de la concurrence et la production de biens collectifs.

I Les marchés réels sont des marchés imparfaits

A Qu'est-ce qu'un marché imparfait ?

- **La concurrence est un idéal difficilement accessible** dans la réalité des marchés concrets. Lorsque l'une au moins des cinq caractéristiques définissant la concurrence pure et parfaite n'est pas réalisée, on considère que la concurrence est imparfaite.
- **Les marchés réels sont des marchés imparfaits**, sur lesquels les structures du monopole ou de l'oligopole (voir p. 55) s'opposent à l'atomicité de l'offre.

B Le monopole ou marché monopolistique

- **Un monopole est la négation absolue de toute forme de concurrence** : c'est un marché caractérisé par la présence d'un seul vendeur face à un grand nombre de consommateurs.
- L'existence d'une firme unique sur un marché est généralement combattue par les pouvoirs publics, comme c'est le cas aux États-Unis, au sein de l'Union européenne et en France.
- Certaines entreprises peuvent bénéficier d'un **monopole d'innovation** lorsqu'elles sont les seules à

La Commission européenne définit les règles de la concurrence au sein du marché intérieur (celui des 27 pays membres). Les États ont la responsabilité de les faire appliquer. C'est la mission, en France, de l'Autorité de la concurrence

proposer un nouveau produit sur le marché qui parvient à susciter l'intérêt des consommateurs. C'est par exemple le cas de la société Microsoft avec Windows.

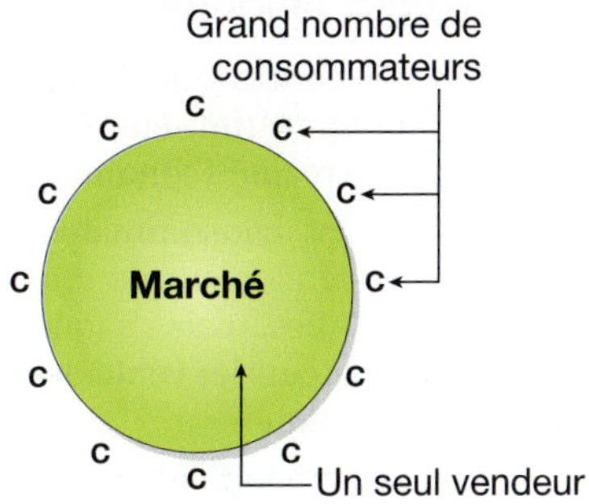

Le monopole, ou marché monopolistique

C L'oligopole ou marché oligopolistique

- Si vous souhaitez acheter une imprimante, vous n'aurez le choix qu'entre quelques marques : Brother, Epson, HP et Canon. Ces quelques entreprises constituent un oligopole.
- Un marché oligopolistique est caractérisé par la présence de **quelques entreprises face à un grand nombre de consommateurs**. Moins la concurrence est importante, plus les entreprises ont tendance à être **« maître du jeu »** et à imposer leurs prix aux consommateurs.

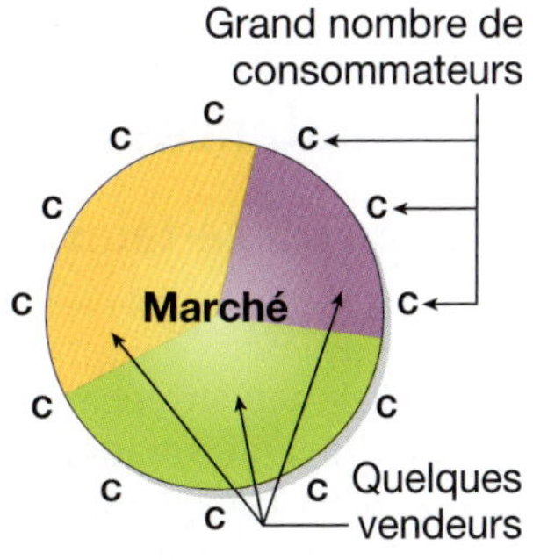

L'oligopole, ou marché oligopolistique

II Qu'appelle-t-on concurrence monopolistique ?

A La notion de « concurrence monopolistique »

- Peut-il exister un marché à la fois concurrentiel (plusieurs vendeurs) et en même temps une situation de monopole (un seul vendeur) ? Oui, cette **situation paradoxale** est présente dans la réalité économique.

- Sur le marché de l'automobile, les consommateurs ont le choix entre quelques grands constructeurs, généralement de dimension mondiale. Les produits sont le plus souvent identiques, mais chaque constructeur cherche à faire reconnaître par les consommateurs les véhicules de sa marque comme étant différents des autres, et donc uniques.

- Dans une situation de concurrence monopolistique la concurrence n'est plus seulement déterminée par le prix des produits, mais par leur **différenciation**.

B Concurrence monopolistique et différentiation des produits

- Les firmes doivent cultiver leur différence auprès des consommateurs et provoquer la **fidélité à leurs produits et l'attachement à la marque**. Leur objectif est que leurs produits soient uniques aux yeux des consommateurs, comme sur un marché monopolistique.

- Aujourd'hui, la plupart des marchés de biens durables relèvent de la concurrence monopolistique. La **publicité** devient donc un vecteur essentiel de la démarche des firmes : le « savoir-vendre » devient aussi important que le « savoir-faire ».

> Chaque entreprise présent sur le marché cherche à singulariser ses produits par des **signes distinctifs** clairement repérables par les consommateurs (marque, logo, emballage, garanties ou service après vente).

III Quelles sont les défaillances du marché ?

A L'asymétrie d'information sur certains marchés

1. L'absence de transparence du marché

- L'une des cinq caractéristiques de la concurrence pure et parfaite est liée à la **transparence du marché**, c'est-à-dire l'**information parfaite** des vendeurs et des acheteurs quant aux prix pratiqués. Par ailleurs, tous les produits sont sensés être semblables (on fait donc l'hypothèse de l'homogénéité des produits).

- Sur les marchés réels, les **prix des produits sont imposés** aux consommateurs. De plus ces derniers, sauf dans des cas très rares, ne peuvent réellement juger de la qualité – et donc de l'utilité – du produit.

Entre trois ordinateurs, l'un à 500 euros, l'autre à 800 euros et un troisième à 1 200 euros, il est impossible d'opérer un choix éclairé. Vous devrez vous en remettre au vendeur, qui peut tout à fait vous conseiller l'appareil que sa direction lui demande de vendre pour des raisons de marge commerciale.

L'asymétrie d'information entre vendeurs et acheteurs vient perturber le marché et **entraver la rationalité** du consommateur à la recherche du meilleur rapport qualité-prix.

Dans un marché idéal, le consommateur est supposé être parfaitement informé. Or cette information est **asymétrique** dans la mesure où le vendeur sait des choses que l'acheteur ignore.

2. L'effet de marque, le pouvoir du prix

Les consommateurs étant sous-informés, ils peuvent accorder leur préférence à des produits dont la marque est réputée ou dont les prix sont élevés. Les producteurs et les distributeurs le savent et intègrent ces paramètres dans leur **politique de prix**. Ils peuvent ainsi choisir de vendre plus cher non pas parce que le produit est cher à produire, mais parce que vendre cher fait vendre (et gonfle leurs marges).

Ce n'est plus la valeur qui définit le prix mais le prix qui exprime la valeur. Toute l'industrie du luxe est fondée sur ce principe : le consommateur achète un produit pour son prix beaucoup plus que pour sa valeur d'usage.

On évoque l'idée d'un « effet d'ostentation » pour caractériser la consommation de produits coûteux à des fins démonstratives.

B L'existence d'économies externes

1. La notion d'externalités

Un particulier achète à bas prix un appartement dont les fenêtres donnent sur des entrepôts industriels désaffectés. Le conseil municipal décide de raser les entrepôts et de créer un vaste parc public. La valeur marchande de l'appartement augmente sans que le propriétaire n'ait dépensé un seul euro de travaux. C'est un autre agent, à savoir la commune, qui en finançant la création du jardin a indirectement valorisé le bien immobilier de notre heureux propriétaire.

On parle d'**externalités** ou d'**économies externes** quand le gain d'un agent économique ne dépend ni de son produit ni des facteurs qu'il utilise, mais des **retombées liées à l'activité économique d'un autre agent**.

L'existence d'externalités **remet en cause l'idée d'un marché régulant l'activité économique** et assurant une juste répartition de la valeur en fonction de la seule rencontre entre l'offre et la demande.

2. Économies et déséconomies

Les externalités ont des conséquences en termes de gains ou de pertes pour les agents économiques (ménages, entreprises).

- Les **économies externes** sont à l'origine d'un gain de revenu pour les agents économiques (ménages et entreprises) sans que ces derniers y aient contribué d'une quelconque façon. Ainsi, un restaurateur enregistrera une augmentation de sa clientèle, et donc de son chiffre d'affaires, si une entreprise installe ses bureaux à proximité de son commerce.
- Les **déséconomies externes** se traduisent par une perte de revenu de certains agents économiques, là encore indépendante de leur activité. Le propriétaire d'un terrain de camping connaîtra une désaffection de ses installations si une entreprise polluante s'installe à proximité de son site d'hébergement.

Les économies externes sont **positives** pour les agents économiques qui en bénéficient, les déséconomies externes sont **négatives** pour ceux qui doivent en assumer les conséquences.

- **Les économies et déséconomies externes échappent au système des prix** puisque certains agents économiques bénéficient d'un surcroît de recettes tandis que d'autres subissent une baisse de leur gain indépendamment de leurs efforts productifs.

IV En quoi la production des biens collectifs est-elle nécessaire ?

A La nature des biens collectifs

- Les biens collectifs désignent **des biens et des services pouvant être utilisés par plusieurs consommateurs** à la fois sans que l'apparition d'un consommateur supplémentaire ne prive les autres de ce bien (le faisceau lumineux d'un phare est utile à tous les bateaux navigant dans cette zone, quel que soit leur nombre).
- Ces biens collectifs s'opposent aux **biens que les agents économiques se procurent à titre privé** sur le marché et dont l'usage se traduit, dans un univers économique assujetti à la rareté, par une **privation** pour les autres (la consommation d'un produit alimentaire, par exemple, sera réduite en quantité si vous devez le partager avec une tierce personne).

B Pourquoi l'État est-il à l'origine de la production de biens collectifs ?

Il existe des biens qui ne peuvent être consommés à titre individuel, comme par exemple la défense nationale : la force de dissuasion protège tous les habitants d'un État de façon identique, et un individu supplémentaire ne réduit en rien la protection des autres résidents.

Indispensables à la collectivité, **les biens collectifs échappent à l'économie de marché** :
- leur prix ne peut résulter de la confrontation de l'offre et de la demande ;
- ils sont mis à la disposition du plus grand nombre, dans la plupart des cas sans contrepartie monétaire ;
- leur production est alors assurée par les pouvoirs publics à partir des **prélèvements obligatoires**.

La production de ces **biens « hors marché »** semble justifier l'existence d'une économie à caractère public indépendante des mécanismes associés à la libre concurrence.

RÉCAPITULONS

- Dans la réalité des transactions économiques, les marchés sont imparfaits (marchés monopolistiques ou oligopolistiques).
- Au marché sont liées de nombreuses imperfections, telles l'asymétrie d'information et l'existence d'économies externes.
- Les pouvoirs publics cherchent à pallier les limites du marché, notamment par la production de services collectifs qui échappent à l'économie marchande.

Étudier un texte économique

LA DÉMARCHE

Les sujets de sciences économiques et sociales au baccalauréat sont accompagnés d'un dossier réunissant plusieurs documents de sources variées. On y trouve des documents quantitatifs (informations statistiques, courbes, schémas) mais aussi des textes (extraits d'ouvrages, de revues économiques ou d'articles de presse).

Aussi l'étude systématique d'un texte est-elle un préalable indispensable à la compréhension d'une notion économique ou sociologique.

1. Lire le titre du texte et en identifier la source. Est-ce un article ? Un livre ? Qui en est l'auteur ? Quelle est la date de publication ?
2. Repérer et mettre en évidence la (ou les) notion(s) ou le point de vue développé(es) dans le texte, en les soulignant.
3. Chercher quel est le propos de l'auteur. Établir ce qu'il veut démontrer.
4. Que nous apprend le texte présenté ? Quelle est son utilité par rapport au thème que l'on doit étudier ?

L'EXEMPLE COMMENTÉ

DOCUMENT **Nous sommes dans un monde régi par la rareté**

« Nous évoluons dans un monde de rareté, rempli de biens économiques. La rareté est un état où les biens sont en quantité limitée, relativement aux désirs. Un observateur objectif se doit de reconnaître que, même après deux siècles de croissance économique rapide, la production des États-Unis n'est tout simplement pas suffisante pour satisfaire les besoins de tous. Si vous additionnez tous les désirs, vous découvrez rapidement qu'il n'y a pas tout simplement assez de biens et services pour satisfaire même une faible fraction des souhaits de consommation de chacun.

W. D. Nordhaus, P.A. Samuelson, *Économie*, Économica, 2005.

Il s'agit d'un ouvrage paru en 2005, écrit par deux économistes. Le titre du document nous apprend qu'on y évoque la notion de rareté des biens et des services. La notion centrale du texte est donc la rareté. Les auteurs prennent l'exemple de la première économie mondiale, les États-Unis, pour montrer que la production des biens ne peut combler toutes les aspirations des consommateurs. On peut synthétiser la pensée des auteurs en disant que si les désirs sont illimités, les moyens de les satisfaire sont trop limités. On en déduit donc l'importance à accorder à l'analyse économique, justement science de la rareté des biens.

SE TESTER QUIZ

1 Vrai ou faux ?

	Vrai	Faux
1. Sur un marché oligopolistique, on trouve un seul vendeur face à un grand nombre de consommateurs.	☐	☐
2. La concurrence monopolistique caractérise un marché sur lequel on ne rencontre qu'un seul vendeur.	☐	☐
3. Vendre plus cher peut permettre de vendre davantage.	☐	☐
4. Les biens collectifs relèvent du secteur marchand de l'économie.	☐	☐
5. La pollution est considérée comme une « déséconomie externe ».	☐	☐

2 QCM

Choisissez la proposition exacte.

En 2004, la Commission européenne de la concurrence inflige une amende de 497 millions d'euros à l'entreprise américaine Microsoft pour abus de position dominante. La Commission européenne a sanctionné Microsoft pour la (ou les) raisons suivantes :

1. La rubrique « aide » de Windows ne renseigne en aucune façon les utilisateurs.
2. Les produits Microsoft sont trop chers.
3. Une entreprise n'a pas à imposer son produit à tous les consommateurs de la planète.

S'ENTRAÎNER

3 Le vocabulaire de la concurrence imparfaite

Complétez le texte ci-dessous avec les mots suivants : *asymétrie d'information, concurrence monopolistique, différenciation des produits, imparfaits, monopole, oligopole, rationalité.*

Les marchés réels sont des marchés .... dans la mesure où ils ne reposent pas sur l'atomicité de l'offre et de la demande. On peut prendre l'exemple du .... où un seul vendeur peut imposer ses produits et ses prix à la multitude des consommateurs. Très souvent, les consommateurs n'ont le choix qu'entre quelques vendeurs, on est alors en présence d'un .... Les entreprises cherchent également à faire apparaître leur marque et leur production comme étant uniques, on évoque alors l'existence de la .... qui repose sur la .... Il arrive fréquemment que le consommateur ne dispose pas de toutes les informations nécessaires sur les produits qu'il souhaite se procurer, on évoque une .... qui se traduit par une diminution de la .... du consommateur dans sa recherche du meilleur rapport qualité-prix.

4 Questions clés

Construisez une réponse rapide aux trois questions suivantes

1. Qu'est-ce que la concurrence monopolistique ?
2. Qu'appelle-t-on économie externe ?
3. En quoi les biens collectifs sont-ils des biens « hors marché » ?

OBJECTIF BAC

5 S'affranchir du marché ?

À l'aide des documents ci-dessous, traitez le sujet suivant : « Comment l'entreprise cherche-t-elle à s'affranchir du marché ? »

DOCUMENT 1 La filière inversée

« L'analyse économique néoclassique de la fin du XIXe siècle véhicule l'idée d'un consommateur rationnel à la recherche d'un maximum d'utilité d'un bien au prix le plus bas possible sur le marché. Les consommateurs seraient parfaitement informés des caractéristiques des produits, des quantités offertes et demandées et des prix pratiqués par les vendeurs. La théorie met alors en avant le dogme de la « souveraineté » du consommateur qui sanctionne le producteur par ses achats effectifs. Cependant, cette vision théorique se heurte à une observation plus pragmatique de la réalité des relations entretenues entre les entreprises et leurs marchés. L'économiste américain John Kenneth Galbraith (1910-1999) dans *Le Nouvel État industriel* (1967) montrera que la grande entreprise moderne cherche à s'affranchir des contraintes du marché en imposant ses produits aux consommateurs. C'est ce que Galbraith appelle la « filière inversée ». La grande entreprise par le recours aux stratégies marketing, notamment à la communication publicitaire, tendrait à manipuler la demande en réduisant au maximum le libre arbitre des consommateurs.

Source : Larousse.fr.

DOCUMENT 2 **Filière classique et filière inversée**

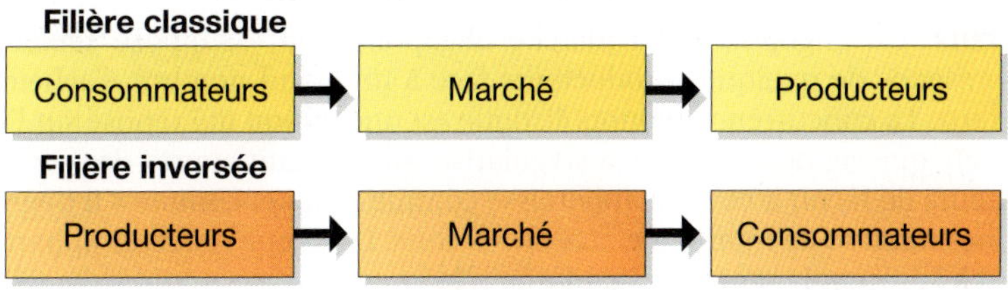

POUR VOUS AIDER

Il s'agit, à l'aide des documents, de montrer comment les entreprises cherchent à s'affranchir des mécanismes du marché, et donc de la souveraineté des consommateurs, afin d'augmenter leurs marges.

SE TESTER

1 Vrai ou faux ?

1 : faux. Un oligopole – ou marché oligopolistique – suppose seulement la présence de quelques producteurs face à un grand nombre d'acheteurs. **2 : faux.** La concurrence monopolistique est une notion qui repose sur l'idée que chaque vendeur cherche à singulariser son produit auprès des consommateurs de façon à ce qu'il apparaisse comme unique, comme s'il s'agissait d'une situation de monopole. **3 : vrai. 4 : faux.** Les biens collectifs appartiennent à l'économie non marchande. **5 : vrai.**

2 QCM

Réponse 3. Lorsque vous achetez un PC, celui-ci est équipé d'office du logiciel d'exploitation Microsoft. Il y a donc atteinte à la concurrence et abus de position dominante.

S'ENTRAÎNER

3 Le vocabulaire de la concurrence parfaite

Les marchés réels sont des marchés **imparfaits** dans la mesure où ils ne reposent pas sur l'atomicité de l'offre et de la demande. On peut prendre l'exemple du **monopole** où un seul vendeur peut imposer ses produits et ses prix à la multitude des consommateurs. Très souvent, les consommateurs n'ont le choix qu'entre quelques vendeurs, on est alors en présence d'un **oligopole**. Les entreprises cherchent également à faire apparaître leur marque et leur production comme uniques, on évoque alors l'existence de la **concurrence monopolistique** qui repose sur la **différenciation des produits**. Il arrive fréquemment que le consommateur ne dispose pas de toutes les informations nécessaires sur les produits qu'il souhaite se procurer, on évoque une **asymétrie d'information** qui se traduit par une diminution de la **rationalité** du consommateur dans sa recherche du meilleur rapport qualité-prix.

4 Questions clés

1. Qu'est-ce que la concurrence monopolistique ?

La concurrence monopolistique est une notion qui désigne un type de marché présentant à la fois des caractéristiques du monopole et de la concurrence. Grâce aux ressources du marketing (publicité, packaging, etc.), les grandes entreprises différencient leurs produits afin qu'ils deviennent uniques pour les consommateurs, comme dans une situation de monopole.

2. Qu'appelle-t-on économies externes ?

Les économies externes se définissent par un gain pour un agent économique entraîné par l'action d'un autre agent économique. Ainsi, un restaurateur connaîtra une croissance de sa clientèle si une entreprise installe ses bureaux à proximité de son établissement.

3. En quoi les biens collectifs sont-ils des biens « hors marché » ?

Les biens collectifs sont considérés comme hors marché dans la mesure où leur production est la plupart du temps financée par les administrations publiques à partir des recettes fiscales. Le plus souvent gratuits, ils découlent de la volonté de servir l'intérêt général.

OBJECTIF BAC

5 S'affranchir du marché ?

Comment l'entreprise cherche-t-elle à s'affranchir du marché ?

L'entreprise est un agent économique qui produit les biens et les services nécessaires à la satisfaction des consommateurs. Cependant, le mobile du (ou des) propriétaire(s) repose sur la rentabilité du capital investit sous la forme du profit. À ce titre, le dirigeant cherche à s'affranchir des contraintes du marché. Pour y parvenir, il s'agit de triompher de ses concurrents en les évinçant du marché. Cette stratégie de conquête du marché peut aboutir à la constitution d'oligopole, voire de monopole. La concurrence monopolistique, par la guerre à laquelle se livrent les « marques », caractérise cet instinct prédateur du chef d'entreprise.

Si les concurrents constituent une contrainte pour l'entreprise, les consommateurs en constituent une autre. On ne peut s'en remettre au libre arbitre des consommateurs pour vendre. Aussi faudra-t-il leur forcer la main par la « manipulation de la demande ». C'est ce qu'évoque l'économiste américain Galbraith avec la notion de « filière inversée », décrite dans le document 2. Par les stratégies marketing, les producteurs cherchent à imposer leurs produits aux consommateurs. La publicité est l'un des vecteurs principaux de cet assujettissement du consommateur aux intentions marchandes du producteur.

La défense de la concurrence revient aux instances politiques nationales et européennes. Et les associations de consommateurs peuvent participer à la défense des consommateurs par une meilleure information sur les produits.

www.annabac.com

CHAPITRE

5 La monnaie et le financement de l'économie

Au fur et à mesure du développement économique et social, le troc a progressivement été remplacé par l'usage de la monnaie. Elle est aujourd'hui indispensable aux agents économiques dans leurs activités, notamment leurs transactions sur le marché. La monnaie participe également à la croissance et au développement par le financement de l'économie.

I À quoi sert la monnaie ?

A Qu'est-ce que la monnaie ?

- Avec 2 euros vous pouvez acheter une pâtisserie, avec 10 euros vous pouvez entrer dans une salle de cinéma… Dans ces deux cas, vous utilisez un bien vous permettant d'acquérir un autre bien en fonction des préférences qui sont les vôtres. Dans le langage courant, on parle d'**argent**. Les économistes quant à eux parlent de monnaie.
- La monnaie est **un bien** accepté comme **instrument d'échange**, au sein d'un **environnement économique**. La monnaie peut porter un nom différent en fonction du pays où l'on se trouve, néanmoins elle remplit toujours les mêmes services.

On compte actuellement plus de 200 **monnaies** dans le monde. Quatre d'entre elles jouent un rôle primordial : le dollar américain, l'euro, le yen (Japon) et le yuan (Chine).

B Les fonctions de la monnaie

1. La monnaie sert d'intermédiaire dans les échanges

- **L'usage de la monnaie évite le recours au troc** (échange direct d'un produit contre un autre produit). Ce dernier ralentit l'activité et le développement économiques : les deux coéchangistes doivent s'entendre sur la valeur réciproque des produits qu'ils désirent échanger ; c'est un processus trop long et beaucoup trop complexe.

- Chaque agent économique vend sa production contre une certaine **quantité de monnaie**, et achète sur le marché les biens et les services qu'il ne produit pas lui-même.
- **La monnaie sert d'intermédiaire**. Les produits ne s'échangent plus contre des produits, mais se vendent et s'achètent grâce à l'usage de la monnaie.

2. La monnaie sert d'instrument de mesure de la valeur

- L'usage de la monnaie permet la **formation des prix**, qui mesurent la valeur des biens et des services que nous nous procurons sur le marché.
- Grâce aux prix, les agents économiques adoptent des comportements économiques (consommation, épargne, investissement) :
  – les consommateurs ajustent le niveau de leurs dépenses au niveau de leurs revenus ;
  – les entrepreneurs investissent ou embauchent en fonction des prix relatifs des facteurs de production (salaires, prix des biens d'équipement, taux d'intérêt).
- Sans monnaie, il ne peut exister de calcul économique.

3. La monnaie sert d'instrument de réserve de valeur

- Les ménages, les entreprises épargnent pour l'avenir.
- La monnaie qui n'est pas utilisée pour des dépenses de consommation immédiate est épargnée. À ce titre, elle constitue un instrument de réserve de valeur.
- Cependant cette dernière fonction de la monnaie suppose la stabilité des prix, c'est-à-dire l'absence d'inflation.

C Les formes de la monnaie

1. La monnaie métallique

- Il s'agit de la **forme la plus ancienne de la monnaie**. Les monnaies métalliques présentent l'avantage de la durabilité dans le temps par rapport aux marchandises forcément périssables. D'abord constituées de métaux vulgaires, les monnaies métalliques devinrent précieuses lorsqu'elles furent frappées en or ou en argent.
- La monnaie métallique existe toujours aujourd'hui : il s'agit de la **monnaie divisionnaire**, c'est-à-dire les pièces de monnaie qui nous permettent de faire l'appoint chez les commerçants.

> Les économistes ne tiennent pas compte des formes de la monnaie. Ils s'intéressent surtout au rapport entre la monnaie et les autres éléments du système économique : croissance, emploi, stabilité des prix.

2. La monnaie fiduciaire

- Du latin *fides*, qui veut dire « confiance », la monnaie fiduciaire se présente sous la forme du **billet de banque**.
- À l'origine le billet de banque était convertible en monnaie d'or ou d'argent, d'où son nom de monnaie « fiduciaire ». Progressivement, il est devenu inconvertible dans la plupart des nations.
- En France, le **monopole** de la création de la monnaie fiduciaire appartient à la Banque de France. Cependant, le niveau d'émission des billets de banque est déterminé à partir des décisions prises de façon collective au sein du Système européen des banques centrales (SEBC).

> La **Banque de France** a été créée le 18 janvier 1800. Le **SEBC** a été créé en 1998. Il réunit aujourd'hui les 17 banques centrales de la zone euro (sur les 27 États-membres de l'Union européenne, 10 n'utilisent pas l'euro).

3. La monnaie scripturale

- La monnaie scripturale – ou monnaie d'écriture – est une monnaie de banque. Il s'agit des ressources que possède un agent économique et qui sont comptabilisées et gérées par un établissement bancaire.
- Afin d'en faciliter la circulation, les banques mettent à la disposition de leur clientèle des instruments pour assurer les règlements : ce sont les chèques, les ordres de virement et les cartes de paiement ou de crédit.
- Les sommes qui figurent en crédit sur votre relevé d'opération bancaire constituent de la monnaie scripturale : cette monnaie est **immatérielle** dans la mesure où elle n'a pas de support physique comme les pièces ou les billets.

> Les formes de la monnaie évoluent avec le progrès technique.

II Comment l'activité économique est-elle financée ?

A Qu'est-ce que le financement ?

- Un ménage souhaite accéder à la propriété de sa résidence principale. Un dirigeant d'entreprise se trouve dans la nécessité d'acheter de nouveaux équipements techniques pour conserver son avantage concurrentiel. Une collectivité locale (régions, communes) cherche à réaliser de nouvelles infrastructures publiques (aménagement routier, installations sportives).
- Ces acteurs ont besoin de réunir les fonds indispensables à leurs dépenses.
- Le financement (du latin *finer*, mener à bien) est l'opération par laquelle un agent économique (ménage, entreprise, administration publique) se procure les **ressources monétaires nécessaires** à la poursuite de ses projets économiques.

B Agents à capacité de financement et agents à besoin de financement

À tout moment, au sein du système économique, au niveau national comme au niveau mondial, on rencontre deux types d'agents économiques:
– les agents disposant de **capacités de financement** ont des ressources supérieures à leurs dépenses. On peut imaginer un ménage dont les revenus sont de 6 000 euros par mois, qui dépense 4 000 euros et qui épargne 2 000 euros;
– les agents à **besoin de financement** doivent dépenser plus qu'ils ne gagnent. Ainsi, une entreprise a un bénéfice annuel de 10 millions d'euros, mais doit financer un investissement de 35 millions d'euros.

Les agents ayant une capacité de financement participent au financement de ceux ayant un besoin de financement.

C Quels sont les différents modes de financement de l'activité économique ?

Trois modes de financement coexistent dans la pratique réelle des agents économiques (financement interne, financement externe direct, financement externe indirect).

1. Le financement interne ou autofinancement

Le financement interne repose sur l'utilisation des **fonds propres** d'un agent économique, c'est-à-dire des ressources qu'il a accumulées dans le temps sous forme d'épargne.

Ainsi, les entreprises sont amenées à constituer des réserves sur leurs bénéfices en vue de développer leur stratégie de croissance (investissements nouveaux, développement de nouveaux produits, internationalisation, etc.).

2. Le financement externe

Le financement externe repose, comme son nom l'indique, sur l'obtention de **ressources empruntées à l'extérieur** par un emprunteur qui ne dispose pas de la totalité des sommes nécessaires au développement de son projet.

Deux types de financement externe permettent aux agents économiques de répondre à leurs besoins:
– le **financement direct** ou **économie de marché de capitaux**: les agents à besoin de financement (entreprises, État) se procurent sur le marché financier (Bourse) les capitaux dont ils ont besoin. Une entreprise émet des

Ce sont essentiellement les **grandes entreprises** qui font appel au financement direct sur les marchés des capitaux. Les très petites entreprises et la grande majorité des PME ont recours au crédit bancaire.

titres (actions et obligations) sur le marché financier, elle se procure ainsi directement les ressources qui lui sont utiles pour développer ses activités sans en passer par l'intermédiation bancaire ;
– le **financement indirect** ou **économie d'endettement** repose sur le crédit bancaire. Les banques servent alors d'intermédiaires entre les agents à capacité de financement et les agents à besoin de financement.

Les banques – qu'on appelle d'ailleurs **intermédiaires financiers** – et les Bourses des valeurs servent d'intermédiaire entre les agents à capacités de financement qui placent leur épargne et les agents à besoin de financement qui ont besoin de ressources pour se développer.

D Les produits financiers et leurs rémunérations

Les produits financiers sont souscrits par les investisseurs par l'intermédiaire des banques ou des sociétés de Bourse (organismes spécialisés dans l'achat et la vente de valeurs mobilières). On trouve principalement les actions et les obligations.

- **Les actions** sont des titres représentatifs d'un droit de propriété d'une fraction du capital social (capitaux propres) de l'entreprise. À partir du moment où un épargnant souscrit une certaine quantité d'actions d'une entreprise (il achète des titres de l'entreprise), il en devient actionnaire. Il participe, en théorie, à la vie de l'entreprise en votant aux assemblées générales des actionnaires et perçoit un revenu, appelé **dividende**, qui varie en fonction des résultats de la firme et de la politique définie par le conseil d'administration de l'entreprise.

- **Les obligations** sont des titres de créances (de prêt) à long terme émis par l'État, une collectivité territoriale ou une grande entreprise. Le souscripteur, ou obligataire, prête son argent pour une durée déterminée lors du contrat (comprise en général entre huit et douze ans). En attendant le remboursement de son capital, *in fine* (c'est-à-dire au terme du prêt), l'obligataire est rémunéré par le versement régulier d'intérêts déterminés lors de l'émission. Les obligations étant cotées quotidiennement, l'obligataire peut cependant revendre son titre avant le terme du prêt.

Les **obligations** sont des valeurs à revenu garanti quels que soient les bénéfices de l'entreprise.

E Qu'est-ce que l'intérêt ?

1. La nature de l'intérêt

- L'intérêt, appelé aussi **loyer de l'argent**, est le prix qu'un emprunteur doit payer au créancier qui lui avance une certaine somme d'argent, en plus du remboursement du capital, c'est-à-dire de la somme empruntée.

L'**intérêt** rémunère un service puisque l'emprunteur peut bénéficier d'une certaine quantité de monnaie qu'il ne possède pas encore.

ZOOM

Les marchés financiers

▸ Les marchés financiers comprennent trois compartiments :

– la **Bourse des valeurs** est le marché du capital à long terme (plus d'un an). Sur ce marché s'échangent des titres comme les actions et les obligations. Les investisseurs tirent profit de leurs ressources inexploitées et participent parallèlement à la croissance et au développement des entreprises ;

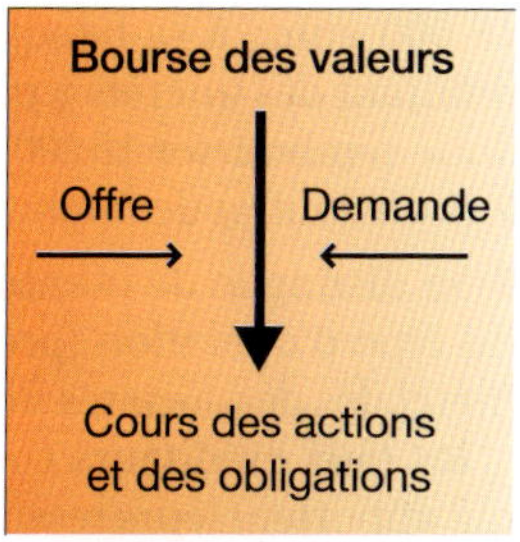

– le **marché monétaire** est le marché du capital à court terme (transactions d'une durée inférieure à un an). Les opérateurs de ce marché sont la Banque de France, les banques commerciales, les investisseurs institutionnels et certaines grandes entreprises. On l'appelle également marché interbancaire. Le **taux de l'argent au jour le jour** se détermine sur ce marché où se confrontent les offres et les demandes de monnaie à très court terme, notamment entre les établissements bancaires ;

– le **marché des changes** est le marché des devises (dollar, euro, yen, yuan). Un certain nombre d'opérateurs cherchent à échanger une monnaie contre une autre pour assurer le règlement de contrats de vente à l'international. Le prix fixé détermine le cours d'une monnaie au niveau mondial. Cependant, de nombreux opérateurs spéculent sur la hausse ou la baisse de telle ou telle devise à des fins de plus-value financière.

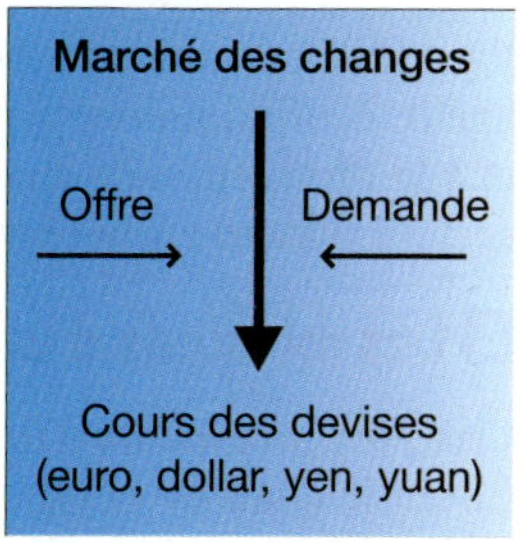

- L'intérêt est à la fois **un revenu**, celui du prêteur et une charge ou **une dette**, celle de l'emprunteur.

2. La diversité des taux d'intérêt

- Le montant des intérêts est calculé par un certain pourcentage par rapport à la somme empruntée : c'est le **taux d'intérêt**. Si une personne emprunte 15 000 euros à sa banque et que le taux d'intérêt en vigueur est de 8 %, le montant des intérêts à payer sera de 1 200 euros. Le client de la banque devra donc rembourser 16 200 euros en un certain nombre de mensualités, prévu lors du contrat de financement.

- On distingue de nombreux taux d'intérêt qui sont déterminés en fonction du type d'opération (prêt ou emprunt), des marchés et des stratégies commerciales des sociétés financières :
– **les taux créditeurs** constituent la rémunération des agents économiques qui apportent leurs ressources au système productif (par exemple un ménage qui place son épargne par l'intermédiaire d'un établissement bancaire en échange d'un gain). Il existe de nombreuses formules qui permettent de placer son épargne et de bénéficier d'intérêts versés, dans la plupart des cas de façon annuelle (plan et livrets d'épargne, dépôts et comptes à terme) ;
– **les taux débiteurs** constituent la rémunération des sociétés financières, ils résultent des crédits consentis auprès de la clientèle (crédit à la consommation, crédit immobilier). Ils sont plus élevés que les taux créditeurs. La différence entre ces deux taux constitue la **marge d'intermédiation**, c'est-à-dire la rémunération du banquier.

III Qui crée la monnaie ?

Il est indispensable de créer une quantité suffisante de monnaie pour que les agents économiques puissent acheter les biens et les services dont ils ont besoin et à la production desquels ils ont participé. La monnaie est créée au sein du secteur bancaire, qui réunit la Banque centrale et les banques commerciales.

A Les missions d'une banque centrale

Chaque État est doté d'une banque centrale. Longtemps les banques centrales furent le relais de l'État en matière monétaire et financière. Progressivement, elles ont acquis leur indépendance vis-à-vis des pouvoirs publics dans leur rôle de gardienne des monnaies. En France, la banque centrale est la Banque de France qui appartient au Système européen des banques centrales (SEBC).

La **banque centrale** des États-Unis est la FED (Federal Reserve System).

ZOOM

Les agrégats monétaires

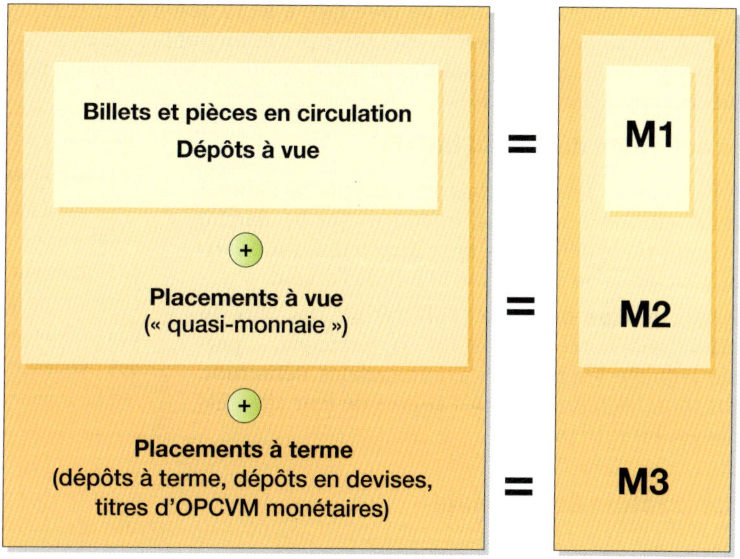

- Les **agrégats monétaires**, ou agrégats de monnaie, permettent de mesurer et de classer les différentes composantes de la masse monétaire, c'est-à-dire l'ensemble des moyens de paiements et d'épargne à l'intérieur d'une économie donnée.
- Les composantes de la **masse monétaire** sont classées par ordre décroissant de liquidité. La notion de liquidité caractérise la capacité d'un bien à servir d'instrument de paiement dans les échanges. Ainsi, le billet de banque est beaucoup plus liquide que les sommes déposées sur un compte d'épargne qui ne sont pas destinées à être utilisées dans les paiements de façon immédiate.

– M1 : actifs parfaitement liquides immédiatement utilisables (pièces et billets en circulation, dépôts à vue).

– M2 : placements d'épargne facilement transformables en monnaie (on parle de « quasi-monnaie »).

– M3 : placements à terme (bloqués sur une période définie tels que les dépôts à terme), dépôts en devises, titres d'OPVCM (les titres d'OPCVM, organismes de placements collectifs en valeurs mobilières, sont des instruments financiers collectifs gérés par les banques).

1. Le rôle de « banque des banques »

- La Banque de France assure le **financement des agents du secteur bancaire** (banques commerciales) qui peuvent connaître des besoins en monnaie.
- Le marché monétaire permet de faire face à leurs besoins. La Banque de France prend alors « en pension » des titres privés ou publics détenus par les établissements de crédit qui sollicitent son concours et leur remet les liquidités nécessaires à leurs activités.

2. La définition des taux d'intérêt

- La Banque de France, relais national de la Banque centrale européenne (BCE), intervient sur le marché monétaire pour définir les **taux directeurs** qui orientent, à la hausse ou à la baisse, le prix de l'argent.
- **Le taux de base bancaire** (TBB) résulte des taux du marché monétaire. Il constitue la référence à partir de laquelle les banques commerciales définiront, à leur tour, les taux pratiqués auprès de leur clientèle (ménages ou entreprises).

Les **taux d'intérêt** sont aménagés en fonction de la nature de l'emprunteur, de l'importance du prêt consenti, de la durée de remboursement et des risques associés au remboursement du client.

B La création de monnaie

1. Par les banques commerciales

- Les banques commerciales créent de la monnaie lorsqu'elles accordent des **crédits** à leur clientèle, qu'il s'agisse de particuliers ou d'entreprises. C'est l'une des trois missions principales des établissements de crédit, telles qu'elles furent définies dans le cadre de la loi bancaire de 1984.
- La création monétaire se réalise par **jeu d'écritures** lorsque les banques monétisent des actifs non monétaires. Ainsi, quand un client d'une banque emprunte une somme de 10 000 euros, cette dernière crée 10 000 euros de monnaie. En échange, le client signe un dossier de prêt par lequel il s'engage à rembourser la somme prêtée augmentée des intérêts, qui rémunèrent le banquier pour le service rendu au client.
- Le banquier ne prête pas sans **garanties** : l'engagement de remboursement constitue la contrepartie de la création de monnaie. Le banquier a tout simplement accordé à son client une avance sur une valeur future, à savoir les gains que le client gagnera dans un futur proche en fonction de sa participation aux activités économiques.

2. Par la banque centrale

- La Banque de France crée de la monnaie par **la conversion en euros de devises** obtenues dans le cadre des échanges internationaux et par l'émission. Un excédent commercial se traduit donc par une entrée de devises (dollar, yen, rouble, etc.) et une création de monnaie.
- **L'émission de la monnaie fiduciaire** : la Banque de France crée de la monnaie par l'émission des billets de banque nécessaires aux transactions du public. Les banques de détail (BNP-Paribas, LCL, Société Générale…) servent alors de relais pour la diffusion de la monnaie fiduciaire auprès des agents économiques grâce à leurs réseaux de guichets et aux distributeurs automatiques de billets.
- La hauteur de l'émission en billets, autorisée par la BCE, est relative à l'ampleur des besoins ressentis par le public.

RÉCAPITULONS

- La monnaie est un intermédiaire dans les échanges, un instrument de mesure et de réserve de valeur.
- La monnaie peut se présenter sous différentes formes : métallique, fiduciaire et scripturale.
- Les entreprises financent leurs activités par leurs ressources internes (autofinancement) ou par recours au crédit bancaire, et pour les plus importantes d'entre-elles, par leur introduction en Bourse.
- La monnaie est créée par les banques commerciales lorsqu'elles accordent des crédits à leur clientèle. La Banque centrale encadre la diffusion du crédit par ses taux directeurs. L'intérêt est le coût dont l'emprunteur doit s'acquitter auprès de sa banque.

Calculer un taux de variation

DÉFINITION

Les principales variables économiques (PIB, revenu national, cours d'une devise, etc.) évoluent sans cesse, à la hausse ou à la baisse. Le taux de variation permet de rendre compte, en pourcentage, de l'évolution d'une grandeur économique dans le temps.

MÉTHODE

Pour calculer un taux de variation *t*, et donc l'évolution d'une grandeur dans le temps, on doit connaître la valeur de la grandeur étudiée en début de période (V_0) et la valeur de la grandeur étudiée en fin de période (V_1).

$$\frac{V_1 - V_0}{V_0} = \text{variation absolue de cette valeur}$$

La variation absolue est peu significative car elle ne permet pas de faire des comparaisons.

Variation absolue × 100 = taux de variation

La multiplication par 100 est nécessaire pour obtenir un pourcentage, plus lisible et propice à l'analyse.

$$t = \frac{V_1 - V_0}{V_0} \times 100$$

APPLICATION

Le 1er janvier 2010, l'action Bic cotait 48,30 € sur la place de Paris. Le 15 octobre 2010, la valeur terminait à 61,44 €. Quel est le taux de variation de ce titre à la Bourse de Paris ?

En reprenant la formule précédente, on obtient :

$$\frac{61{,}44 - 48{,}30}{48{,}30} = 0{,}2720$$

Taux de variation = 0,2720 × 100 = 27,20 %

On peut ainsi souligner la valorisation de la société BIC à la hauteur de 27,20 % depuis le début de l'année 2010.

SE TESTER QUIZ

1 Vrai ou faux ?

	Vrai	Faux
1. L'euro est la monnaie des 27 pays membres de l'Union européenne.	☐	☐
2. Le terme fiduciaire vient du latin « *fides* » qui signifie confiance.	☐	☐
3. La monnaie scripturale est une monnaie immatérielle sans support physique.	☐	☐
4. Les agents à capacité de financement dépensent plus qu'ils ne gagnent.	☐	☐
5. L'économie d'endettement relève du financement direct.	☐	☐
6. Le dividende est un revenu variable.	☐	☐

S'ENTRAÎNER

2 Le vocabulaire de la Bourse

Complétez le texte avec les mots suivants : *actions, à capacité de financement, anonyme, Bourse, épargne, dividende, intérêt, obligations.*

Rodolphe est un jeune cadre dont les dépenses mensuelles sont inférieures à son salaire. On le considère comme un agent .... Déjà titulaire d'un livret A dans une banque, il cherche à placer son .... à la .... Il hésite entre l'achat d'......... et la souscription d'......... . Dans le premier cas, il devient propriétaire d'une partie du capital d'une société .... et recevra, à ce titre, un .... annuel en fonction des résultats de la firme et de la politique du conseil d'administration. Dans le second cas, en tant qu'obligataire, il percevra un .... fixe prévu lors de la souscription.

3 Questions clés

Répondez en cinq lignes aux questions suivantes.

1. Quelles sont les fonctions de la monnaie ?

2. Quels sont les deux modes de financement externe pour une grande entreprise ?

3. Pourquoi la Banque de France est-elle considérée comme la banque des banques ?

4. Quelles sont les principales fonctions des Bourses des valeurs ?

4 De plus en plus de paiements par carte bancaire

Construisez un commentaire rapide à partir des données du graphique suivant.

Évolution des paiements par carte bancaire de 1998 à 2008

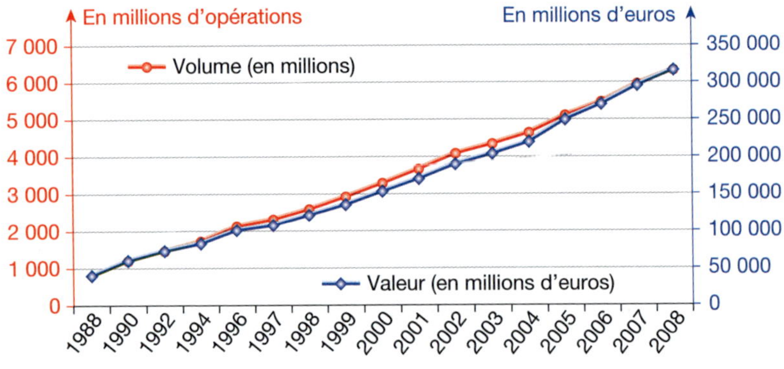

Source : Banque de France, DSPM – SEPI, 2009.

5 La valorisation boursière du groupe L'Oréal

Le 1er janvier 2010, l'action L'Oréal était cotée 78,20 euros. Le 15 octobre 2010, le titre cotait 84 euros.

Montrez, en calculant le taux de variation du titre, que les actionnaires du groupe ont eu raison de faire confiance à la stratégie des dirigeants.

OBJECTIF BAC

6 La monnaie et le calcul économique

« La monnaie permet de mesurer et de comparer des biens et des services de nature hétérogène. Un hôtel particulier dans un quartier historique, une bicyclette ou un déjeuner dans un grand restaurant ont en commun de coûter un certain prix en monnaie. La monnaie vient fixer la valeur, elle contribue ainsi à l'émergence d'un système de prix qui permet le calcul économique en éclairant les différents agents dans leurs stratégies individuelles ou collectives. Un consommateur, lorsqu'il déambule entre les linéaires d'une grande surface, adapte le niveau de ses dépenses à celui de son pouvoir d'achat. L'entrepreneur embauche de nouveaux collaborateurs ou investit en fonction de son budget et de ses prévisions de vente. Sans monnaie, le calcul économique est rendu impossible ; à cet égard la monnaie est un des vecteurs de la croissance et du développement.

Jean-Claude Drouin, *Tous économistes, Guide d'introduction à l'économie,* coll. « major », PUF, 2011.

À l'aide de vos connaissances et du document, répondez aux trois questions suivantes.

1. À quelle fonction de la monnaie le texte fait-il allusion ?

2. Pourquoi est-il indispensable de définir la valeur des biens dans un système économique ?

3. Quelle est la place de la monnaie dans un circuit économique simplifié reliant les ménages et les entreprises ?

SE TESTER

1 Vrai ou faux ?

1 : faux. Sur les 27 États-membres de l'Union européenne, 10 n'appartiennent pas à la zone euro, par choix ou parce qu'ils ne satisfont pas aux conditions d'entrées. **2 : vrai.** **3 : vrai.** **4 : faux.** Les agents à capacité de financement ont des ressources supérieures à leurs dépenses. **5 : faux.** L'économie d'endettement relève du financement indirect (par l'intermédiaire des banques). **6 : vrai.**

S'ENTRAÎNER

2 Le vocabulaire de la Bourse

Rodolphe est un jeune cadre dont les dépenses mensuelles sont inférieures à son salaire. On le considère comme un agent **à capacité de financement**. Déjà titulaire d'un livret A dans une banque, il cherche à placer son **épargne** à la **Bourse**. Il hésite entre l'achat d'**actions** et la souscription d'**obligations**. Dans le premier cas, il devient propriétaire d'une partie du capital d'une société **anonyme** et recevra, à ce titre, un **dividende** annuel en fonction des résultats de la firme et de la politique du conseil d'administration. Dans le second cas, en tant qu'obligataire, il percevra un **intérêt** fixe prévu lors de la souscription.

3 Questions clés

1. Quelles sont les fonctions de la monnaie ?

La monnaie remplit trois fonctions par rapport au système économique. Elle sert d'intermédiaire dans les échanges, d'instrument de mesure de la valeur et d'instrument de réserve de valeur (épargne).

> Ces **trois fonctions** de la monnaie ont été « développées » par Aristote, un philosophe grec du IVe siècle avant J.-C.

2. Quels sont les deux modes de financement externe pour une grande entreprise ?

Une grande entreprise peut se financer soit en bénéficiant d'un crédit auprès d'une banque (économie d'endettement), soit en émettant des titres (actions ou obligations) à la Bourse. Dans ce dernier cas, on parle d'économie de marché de capitaux.

3. Pourquoi la Banque de France est-elle considérée comme la banque des banques ?

La Banque de France est au sommet du secteur bancaire en tant que banque de premier rang. Elle assure le refinancement des banques commerciales et est à l'origine des taux directeurs qui influent sur les taux d'intérêt pratiqués par les banques auprès de leur clientèle (particuliers et entreprises).

4. **Quelles sont les principales fonctions des Bourses des valeurs ?**

Les Bourses des valeurs participent aux marchés du capital à long terme. Elles permettent la rencontre entre les agents à capacité de financement et les agents à besoin de financement. Les Bourses des valeurs assurent la cotation des différents titres financiers, tels que les actions et les obligations.

La **cotation**, c'est-à-dire la détermination du cours d'un titre financier, résulte de la rencontre entre les quantités offertes et les quantités demandées par les investisseurs du monde entier.

4 De plus en plus de paiements par carte bancaire

À la lecture du graphique proposé par la Banque de France, on peut remarquer l'augmentation constante de l'usage des cartes bancaires dans les paiements des Français de 1998 à 2008. En dix ans, on est passé de 800 millions d'opérations annuelles à près de 6 500 millions d'opérations. En 1998, les paiements par carte représentaient, en valeur, moins de 50 milliards d'euros, contre plus de 300 milliards en 2008.

La distinction « **en volume** » et « **en valeur** » fréquente en économie fait référence à la différence entre une quantité exprimée en nombre [ici le nombre de transactions annuelles] et une quantité exprimée en monnaie [la valeur annuelle du montant des transactions].

5 La valorisation boursière du groupe L'Oréal

$$\frac{84 - 78{,}20}{78{,}20} = 0{,}074$$

Taux de variation = 0,074 × 100 = 7,40 %

L'Action L'Oréal s'est appréciée de 7,40 %.

OBJECTIF BAC

6 La monnaie et le calcul économique

1. Le texte fait allusion à la monnaie dans son rôle de mesure de la valeur des biens et des services. La production telle qu'elle apparaît sur le marché est dotée de prix qui informent les producteurs et les consommateurs et les éclairent quant à leur décision de vendre ou d'acheter.

Le **prix** est un signal aussi bien pour l'entreprise que pour le consommateur.

2. La définition de la valeur est un problème crucial en économie. Sans système de prix qui caractérise la valeur des biens, il ne peut exister de rationalité dans nos comportements économiques. Ainsi, un chef d'entreprise décidera d'un nouvel investissement en considérant à la fois le prix des nouveaux équipements et le gain additionnel qu'il peut en attendre. Il réalise un calcul fondé sur une comparaison entre le coût de l'investissement et le supplément de chiffre d'affaires anticipé.

L'activité économique est largement dictée par les anticipations que font les agents économiques.

3. Dans un circuit économique simplifié comprenant deux agents (les ménages et les entreprises) on reconnaît deux types de flux: les flux réels et les flux monétaires. Les ménages vendent leurs compétences professionnelles aux entreprises. Les entreprises leur vendent leur production. La monnaie permet l'échange des compétences des ménages contre un salaire et l'échange des produits des entreprises contre un paiement monétaire.

Un **circuit économique** est une représentation schématique d'une (ou de plusieurs) relation(s) entre deux ou plusieurs agents économiques.

www.annabac.com

CHAPITRE

6 Régulation et intervention de l'État

Afin de faire face aux défaillances du marché, les États ont été contraints de systématiser leurs interventions à l'égard du système économique. Les budgets publics constituent l'un des moyens les plus efficaces d'orienter l'activité économique dans le sens de l'intérêt collectif, qu'il s'agisse d'améliorer le réseau routier, de distribuer des indemnités aux demandeurs d'emploi ou de soutenir la consommation par la relance de l'activité. Mais l'État, comme n'importe quel autre agent économique, ne doit pas dépenser au-delà de ses recettes sous peine de creuser son déficit.

I Quelles sont les fonctions économiques de l'État ?

La plupart des nations sont régies par un système **d'économie mixte** qui associe deux modes de régulation : à celle du marché s'ajoute l'intervention des pouvoirs publics sous la forme de politiques économiques et sociales.

A La fonction d'affectation

- L'État intervient grâce à son budget. Équilibrer le budget de l'État consiste à définir le niveau et la structure des **prélèvements obligatoires** et des **dépenses publiques**.
- En dehors des missions régaliennes de l'État (justice, police, défense nationale), la fonction d'affectation des ressources prend également en compte le **financement des biens collectifs** comme l'éducation ou la santé publique.

Les **missions régaliennes** désignaient les devoirs des monarques à l'endroit de leurs sujets. L'expression est restée dans le langage courant et renvoie à la sécurité des populations.

B La fonction de redistribution

- Il s'agit pour les pouvoirs publics de substituer à la répartition primaire des revenus une répartition secondaire (ou **redistribution**) plus favorable à l'activité économique et porteuse d'une **stratégie de réduction des inégalités**.

- Il s'agit d'assurer le bon fonctionnement de l'État-providence et d'instaurer – ou de tenter d'instaurer – une **démocratie économique**, en permettant au plus grand nombre l'accès aux biens essentiels afin d'éviter l'exclusion sociale.

C La fonction de régulation

Face aux lacunes du marché comme mode de régulation, l'État intervient par des **politiques économiques**. Leur objectif est d'atteindre le taux de croissance le plus élevé possible tout en s'efforçant de respecter les grands équilibres :
– le **plein emploi** ;
– la **stabilité des prix** (le moins d'inflation possible) ;
– l'**équilibre des échanges** avec l'extérieur.

D L'impact des trois fonctions économiques de l'État

- Dans la réalité des politiques publiques, les trois fonctions (**affectation**, **redistribution**, **régulation**) sont le plus souvent confondues.

- Ainsi, du point de vue du budget de l'État, une politique d'allègements fiscaux pour les catégories sociales les moins favorisées relève de la fonction d'affectation. Cette stratégie aura des implications en termes de redistribution dans la mesure où les catégories modestes bénéficieront d'un pouvoir d'achat accru lié à une réduction de l'impôt.

- Cette politique sociale intervient également dans le processus de régulation de l'activité économique. Les catégories ayant de faibles revenus ont une **propension marginale à consommer** particulièrement forte. Une baisse d'impôt à leur endroit peut donc générer une hausse de la demande de biens de consommation. Cette croissance de la demande peut ainsi contrecarrer l'amorce d'une récession qui risquerait, à terme, d'être créatrice de chômage.

- La politique fiscale (fonction d'affectation) peut avoir un fort impact en matière de redistribution et de régulation de l'activité économique.

E Les différents niveaux d'intervention de la puissance publique

- Le **niveau local** est lié à la politique de **décentralisation** de l'État inaugurée en 1982. Il comprend les collectivités territoriales de la République : régions, départements, communes.

- Le **niveau national** est celui de l'État proprement dit, qui est à l'origine de la loi (gouvernement et parlement).
- Le **niveau européen** comprend les **institutions communautaires** qui définissent les politiques dans toute l'Union européenne (Commission européenne, Conseil européen, Conseil des ministres).

II Qu'appelle-t-on prélèvements obligatoires ?

A La notion de prélèvements obligatoires

- L'Organisation de coopération et de développement économiques (OCDE) définit les prélèvements obligatoires comme l'ensemble des **versements non volontaires** effectués sans contrepartie par les agents économiques aux administrations publiques.

L'**OCDE** est une organisation internationale créée en 1961 qui regroupe 34 nations. Elle a notamment pour mission de permettre l'harmonisation des politiques économiques des États membres.

- Ces prélèvements sont qualifiés d'**obligatoires** dans la mesure où ils s'imposent aux agents économiques. Les pouvoirs publics définissent la hauteur des prélèvements et établissent les modes de recouvrement de l'impôt. Les contribuables doivent alors s'acquitter de leur dette fiscale.
- L'**absence de contrepartie** repose sur l'idée qu'il n'existe pas de correspondance entre la dette fiscale d'un contribuable et sa consommation de services publics.

Les biens et services publics, financés par les impôts, comme la défense nationale ou l'entretien du réseau routier, ne sont pas individualisables.

- Les prélèvements sont destinés au **financement des administrations publiques**. On distingue les administrations centrales (l'État), les administrations publiques locales (régions, départements, communes), les administrations de sécurité sociale et les institutions européennes.

B Le taux de prélèvements obligatoires

- Afin de mesurer le **poids de la fiscalité et de la parafiscalité** (cotisations sociales) par rapport à la richesse nationale, on calcule le taux de prélèvements obligatoires.

Celui-ci est obtenu en rapportant l'ensemble des prélèvements, c'est-à-dire le total des impositions et des cotisations sociales, au produit intérieur brut (PIB).

$$\text{Taux de prélèvements obligatoires} = \frac{\text{ensemble des prélèvements}}{\text{PIB}} \times 100$$

ZOOM

Les recettes fiscales nettes du projet de loi de finances 2011

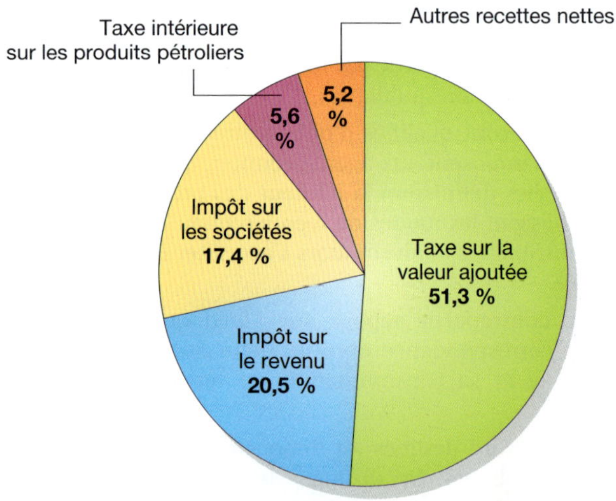

Montant total : 254,4 milliards d'euros.

▶ La **taxe sur la valeur ajoutée (TVA)** est un impôt sur la consommation créé en 1954. Il représente à lui seul plus de la moitié des rentrées fiscales. Il existe trois taux de TVA :
– le taux de « droit commun » : 19,60 % ;
– le taux réduit : 5,5 % (alimentation, restauration, livres) ;
– le taux « super réduit » : 2,10 % (médicaments).

▶ **L'impôt sur le revenu des personnes physique (IRPP)**, créé en 1914, porte sur les revenus du travail et du capital des ménages et des entrepreneurs individuels.

▶ **L'impôt sur les sociétés (IS)**, créé en 1948, est un impôt sur les bénéfices des entreprises sociétaires (SARL, SA).

▶ Ces trois impôts représentent **95 % des recettes de l'État**.

III Le problème du déficit et de la dette publique

A Le déficit du budget de l'État

- Un ménage ou une entreprise peuvent, sous certaines conditions, obtenir un découvert ou disposer d'un prêt bancaire. Une banque peut également emprunter sur le marché monétaire des ressources à court terme ou faire appel à la Banque centrale. Mais qu'en est-il des États ?

- Un déficit budgétaire se définit comme un **besoin de financement des administrations publiques** lorsque les dépenses publiques sont supérieures aux recettes fiscales.

- Il est nécessaire cependant de distinguer le déficit du budget de l'État (déficit des administrations centrales), le déficit des collectivités locales (régions, départements, communes) et le déficit des administrations de sécurité sociale.

B Qu'est-ce que la dette publique ?

- La dette publique correspond au cumul des déficits antérieurs des administrations publiques. Chaque déficit annuel s'ajoute à la somme des déficits précédents.

- Pour financer sa dette, la France, par l'intermédiaire de l'agence France-Trésor, émet des **obligations**. Il faut alors payer les intérêts versés annuellement aux investisseurs, c'est ce qu'on appelle la charge de la dette.

La **charge de la dette** s'établit à près de 45 milliards d'euros en 2011 et atteindrait 55 milliards en 2013.

La dette nette des administrations publiques en fin de trimestre et sa répartition par sous-secteur (en milliards d'euros)

	2009 (T2)	2009 (T3)	2009 (T4)	2010 (T1)	2010 (T2)
Ensemble des adm. publiques	1277,9	1333,9	1356,9	1389,4	1419,1
dont :					
État	1063,5	1115,6	1101,4	1132,1	1157,6
Org. divers d'adm. centrale	70,1	68,5	81,6	78,4	77,9
Adm. publiques locales	129,6	130,0	144,3	141,6	138,8
Adm. de sécurité sociale	14,7	19,8	29,5	37,3	44,7

Source : Insee, *Informations Rapides*, n° 238, septembre 2010.

Clé de lecture : au deuxième trimestre 2010, la dette nette des administrations publiques locales s'élevait à 138,8 milliards d'euros.

C Dette publique et discipline européenne

- Le **Pacte de stabilité et de croissance** de 1997 (PSC) prévoyait une discipline commune en matière de politique budgétaire. Le déficit public ne devait pas dépasser 3 % du PIB et la dette publique ne devait pas excéder 60 % du PIB.
- Le déficit public et la dette publique de la France atteignent respectivement 7,8 % et 80 % du PIB en 2010. Mais, même assouplis, ces critères constituent néanmoins un garde-fou indispensable à la pérennité de la zone euro.

D'autres pays de la zone euro connaissent des déficits budgétaires supérieurs à celui de la France, tels l'Espagne (9,6 %), l'Irlande (11,6 %) ou la Grèce (12,7 %).

RÉCAPITULONS

- L'intervention de l'État dans les économies modernes est caractérisée par ses fonctions d'affectation, de redistribution et de régulation.
- Les prélèvements obligatoires permettent à l'État de financer ses interventions économiques et sociales. Le taux de prélèvements obligatoires permet de mesurer l'importance de l'État par rapport à l'économie privée.
- Les dépenses publiques, lorsqu'elles sont supérieures aux recettes fiscales, se traduisent par un déficit des finances publiques. L'agrégation des déficits a pour conséquence l'augmentation de la dette publique.

Interpréter une courbe chronologique

LA DÉMARCHE

Une courbe chronologique est une représentation graphique évoquant l'évolution d'une grandeur dans le temps.

Pour interpréter une courbe, il faut :

1. lire le titre, la source et identifier la valeur présentée et son mode de calcul ;

2. repérer la tendance générale suggérée par la pente de la courbe ;

3. segmenter la lecture et l'analyse sur les inflexions de la courbe, c'est-à-dire repérer les différentes périodes par rapport à la tendance sur le long terme.

La périodisation de la courbe (années, trimestres, mois) est indiquée en abscisse et la valeur de la variable apparaît en ordonnée.

L'interprétation de la courbe nécessite évidemment la connaissance des informations indispensables à son étude.

L'EXEMPLE COMMENTÉ

Évolution du taux de prélèvements obligatoires des administrations publiques (en % du PIB)

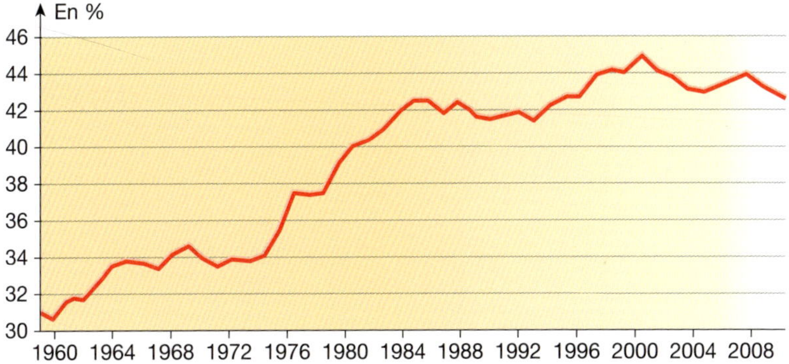

Source : Insee, comptes nationaux.

1. La courbe présentée ici, établie par l'Insee, est relative à l'augmentation des prélèvements obligatoires (PO) en France de 1960 à 2008. Les prélèvements obligatoires sont calculés en pourcentage du PIB.

2. On peut observer une forte croissance des PO en France, qui passent de 30 % à 42 % du PIB entre 1960 et 2008.

3. On peut distinguer trois périodes pour caractériser cette augmentation du taux de prélèvements obligatoires :
– une première phase va des années 1970 à la première moitié des années 1980 : le taux de prélèvements obligatoires augmente fortement, passant de 34 % à 42 % ;
– une deuxième phase d'augmentation de 1982 à 1999, année où le taux fut le plus élevé (44,9 % en 1999) ;
– une troisième phase, de 1999 à 2008, qui se traduit par un repli des PO, pour se situer entre 44 % et 42 % du PIB.

SE TESTER QUIZ

1 Vrai ou faux ?

	Vrai	Faux
1. Les cotisations sociales ne font pas partie des prélèvements obligatoires.	☐	☐
2. La taxe sur la valeur ajoutée (TVA) fait partie des prélèvements obligatoires.	☐	☐
3. La dette publique de la France s'élève à 1 000 milliards d'euros en 2010.	☐	☐
4. La fonction de régulation est orientée vers le retour aux grands équilibres.	☐	☐
5. Le taux de prélèvements obligatoires en France n'a jamais dépassé 35 %.	☐	☐

2 QCM

En vous aidant du graphique ci-dessous, caractérisez la dette publique française.

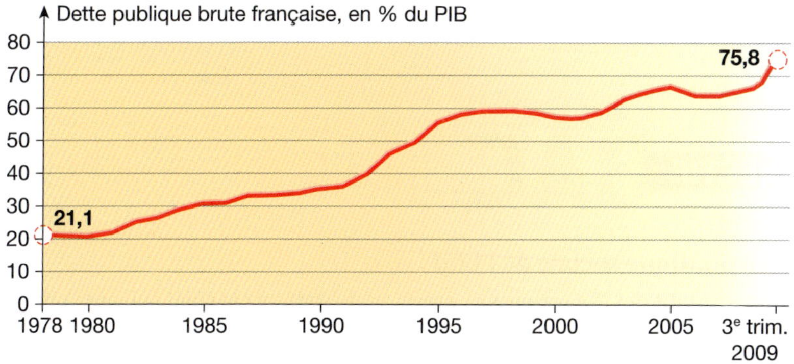

Source : Insee.

La dette publique française :

1. Est restée stable de 1980 à 1992.

2. A diminué en 2005.

3. S'est redressée en 2009.

S'ENTRAÎNER

3 Le vocabulaire de la (ou du) ministre de l'Économie et des Finances

Compléter le texte avec les mots suivants: *budget de l'État, chômage, déficits budgétaires, dette publique, inflation, prélèvements obligatoires, redistribution, régulation.*

L'État intervient dans la vie économique afin de permettre la réalisation des grands équilibres et palier les lacunes du marché. Le .... permet par la .... d'accroître le pouvoir d'achat des populations les moins favorisés. Cependant, la puissance publique exerce une fonction de .... ayant pour objectif de lutter contre le .... et la hausse des prix, c'est-à-dire l'......... . Le financement des interventions étatiques est rendu possible par les .... Il faut néanmoins que le budget de l'État soit proche de l'équilibre, sinon l'accumulation des .... ne peut qu'augmenter la ....

4 Questions clés

Construisez une réponse rapide aux questions suivantes.

1. Qu'est-ce que la protection sociale ?
2. Qu'appelle-t-on prélèvements obligatoires ?
3. Quelle est la différence entre « déficit public » et « dette publique » ?

OBJECTIF BAC

5 La politique sociale de l'État

En vous aidant des documents ci-après, vous traiterez le sujet suivant : « Pourquoi l'État doit-il intervenir par une politique sociale ? »

DOCUMENT 1

« La Nation assure à l'individu et à la famille les conditions nécessaires à leur développement. Elle garantit à tous, notamment à l'enfant, à la mère et aux vieux travailleurs, la protection de la santé, la sécurité matérielle, le repos et les loisirs. Tout être humain qui, en raison de son âge, de son état physique et mental, de la situation économique, se trouve dans l'incapacité de travailler a le droit d'obtenir de la collectivité des moyens convenables d'existence. (…) La Nation garantie l'égal accès de l'enfant et de l'adulte à l'instruction, à la formation professionnelle et à la culture. L'organisation de l'enseignement public gratuit et laïque à tous les degrés est un devoir de l'État.

Extrait du *Préambule de la Constitution de la IVᵉ République* (1946).

DOCUMENT 2 **Répartition des prestations sociales versées en 2008 (en millions d'euros)**

Nature des prestations	Montant
Maladie	162 703
Invalidité et accident du travail	38 561
Vieillesse-survie	261 100
Famille	51 061
Emploi	33 044
Logement	15 450
Pauvreté-exclusion sociale	8 495
Total	**570 414**

Sources : Drees, Insee, 2009.

POUR VOUS AIDER

Il s'agit d'évoquer les raisons qui poussent les pouvoirs publics à intervenir par la redistribution dans la perspective de l'État-providence.

SE TESTER

1 Vrai ou faux ?

1 : faux. Les prélèvements obligatoires comprennent l'ensemble des ressources fiscales auxquelles s'ajoutent les cotisations sociales. **2 : vrai. 3 : faux.** Pas tout-à-fait, la dette publique de la France avoisine les 1500 milliards d'euros en 2010. **4 : vrai. 5 : faux.** Le taux de prélèvements obligatoires a dépassé les 35 % du PIB en 1968. Il a atteint un maximum en 1999 à la hauteur de 44,9 %.

2 QCM

Réponses 2 et 3.

S'ENTRAÎNER

3 Le vocabulaire de la (ou du) ministre de l'Économie et des Finances

L'État intervient dans la vie économique afin de permettre la réalisation des grands équilibres et palier les lacunes du marché. Le **budget de l'État** permet par la **redistribution** d'accroître le pouvoir d'achat des populations les moins favorisés. Cependant, la puissance publique exerce une fonction de **régulation** ayant pour objectif de lutter contre le **chômage** et la hausse des prix, c'est-à-dire l'**inflation**. Le financement des interventions étatiques est rendu possible par les **prélèvements obligatoires**. Il faut néanmoins que le budget de l'État soit proche de l'équilibre, sinon l'accumulation des **déficits budgétaires** ne peut qu'augmenter la **dette publique**.

4 Questions clés

1. Qu'est-ce que la protection sociale ?

La protection sociale consiste à aider les populations à satisfaire les besoins essentiels de la personne humaine (santé, instruction, consommation de base). Les remboursements d'assurance-maladie, les indemnités de chômage ou le versement de pensions de retraite relèvent d'une logique de protection sociale.

2. Qu'appelle-t-on prélèvements obligatoires ?

Les prélèvements obligatoires comprennent les impôts qui permettent le financement de l'État et les impôts qualifiés de « locaux » à l'origine du financement des collectivités locales. Parallèlement, des cotisations sociales sont prélevées afin de contribuer à la protection sociale.

3. Quelle est la différence entre « déficit public » et « dette publique » ?

Les déficits publics (ou déficits budgétaires) sont liés à un besoin de financement des administrations publiques dans la mesure où ces dernières dépensent plus qu'elles ne gagnent en termes de recettes fiscales. Le cumul des déficits publics sur plusieurs années aboutit à l'apparition et à l'augmentation de la dette publique.

OBJECTIF BAC

5 La politique sociale de l'État

Pourquoi l'État doit-il intervenir par une politique sociale ?

Comme l'atteste le préambule (toujours en vigueur) de la Constitution de 1946, l'État assure l'organisation de la protection sociale, c'est-à-dire notre système de retraite par répartition, de même que l'accès à la santé avec les administrations de sécurité sociale (ASSO), l'indemnisation du chômage et la lutte contre l'exclusion. Il s'agit d'opérer une répartition secondaire plus favorable au consensus social. On peut parler de démocratisation de l'économie.

La politique sociale est l'une des principales fonctions de l'État. On évoque une fonction de redistribution, notamment pour les catégories sociales qui risqueraient d'être marginalisées par rapport à l'économie marchande. Selon l'Insee, ce sont ainsi près de 570 milliards d'euros qui ont été redistribués en 2008.

> Le document 2 permet de souligner l'importance de la redistribution d'un point de vue plus quantitatif.

En dehors de la réduction des inégalités et de l'exclusion sociale, les revenus de transferts versés par les administrations publiques favorisent le soutien de l'activité économique. En cela, ils concourent au maintien de l'emploi et de la croissance.

> La conclusion permet d'évoquer un autre objectif des politiques de redistribution.

www.annabac.com

CHAPITRE

7 Déséquilibres économiques et politiques conjoncturelles

L'objectif de la politique économique est de permettre la croissance économique, mais également de tendre vers les grands équilibres (plein emploi, stabilité des prix et équilibre des échanges avec l'extérieur). Comment l'État peut-il soutenir l'emploi par une politique budgétaire efficace ? Comment la Banque centrale européenne, gardienne de la stabilité des prix, peut-elle participer au soutien de l'activité économique et au développement des exportations des pays de la zone euro – tout en empêchant l'inflation ?

I Qu'est-ce que le chômage ?

A La notion de chômage

- Le chômage peut se définir comme un **déséquilibre qui affecte le marché du travail** lorsque le niveau de l'offre de travail proposée par les travailleurs est supérieur au niveau de la demande de travail, découlant des besoins des entreprises en ressources humaines.
- On considère qu'une économie est touchée par le chômage à partir du moment où le taux de chômage **est supérieur à 3 %** de la population active.

Le **taux de chômage** en France était de 9,8 % en octobre 2010.

B La mesure du chômage

- Le Bureau international du travail (BIT) a adopté en 1982 une définition du chômage reprise par l'ensemble des instituts statistiques des pays développés.
- Selon cette définition, un chômeur est une personne en âge de travailler (âgée de 15 ans ou plus) répondant simultanément à trois conditions :
– **être sans emploi**, c'est-à-dire ne pas avoir travaillé ne serait ce qu'une heure durant une semaine de référence ;
– **être disponible** pour occuper un emploi dans les 15 jours ;

– chercher activement un emploi (salarié ou non salarié) ou en avoir trouvé un qui commence ultérieurement.

L'Insee mobilise la définition du BIT pour le dénombrement des chômeurs et procède au calcul du niveau de la population sans emploi à la recherche d'un emploi (PSERE). L'évolution du chômage est calculée à partir des fluctuations du taux de chômage, lequel met en relation le nombre de chômeurs au sens du BIT et l'ensemble des actifs.

La **recherche « active » d'un emploi** suppose d'être inscrit auprès d'un service de placement, d'envoyer des CV, de répondre à des annonces.

$$\text{Taux de chômage} = \frac{\text{chômeurs au sens du BIT}}{\text{ensemble des actifs}}$$

Évolution du taux de chômage, en % de la population active

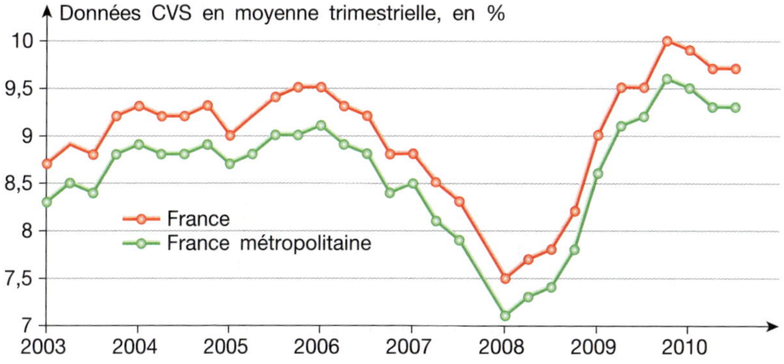

Champ : population des ménages, personnes de 15 ans ou plus.
Source : Insee, enquête Emploi.

Le taux de chômage **corrigé des variations saisonnières** supprime les variations liées aux embauches pendant l'été et à la mise au chômage pendant l'hiver dans des secteurs comme l'agriculture, le tourisme ou la construction.

II Qu'est-ce que l'inflation ?

A La notion d'inflation

L'inflation est un phénomène macroéconomique qui se traduit par une hausse, autoentretenue, du niveau général des prix.

L'inflation est un **phénomène macroéconomique** dans la mesure où son développement est lié à de multiples variables présentes au sein de toutes les parties d'un système économique, telles que la formation des revenus, la hausse de la fiscalité, le renchérissement des importations.

L'inflation n'est pas réductible à la hausse des prix. L'augmentation des prix n'est que la manifestation de la présence de tensions inflationnistes à l'intérieur d'une économie donnée. C'est le révélateur ou le symptôme de l'inflation.

> Attention ! Une pénurie accidentelle de certains produits, comme par exemple les fruits et légumes en raison de difficultés climatiques, peut déclencher une hausse de leur prix. Cette augmentation, limitée au niveau microéconomique n'est pas véritablement inflationniste.

L'inflation est un **phénomène autoentretenu**, c'est-à-dire qu'une hausse de certains prix peut déclencher de nouvelles hausses. Une hausse du prix du pétrole aura ainsi des conséquences sur le prix des denrées alimentaires livrées par camion ou le prix du chauffage.

Il ne faut pas confondre l'inflation avec la **désinflation**, caractérisée par une diminution du rythme d'augmentation des prix (mais les prix continuent d'évoluer positivement).

Enfin, la **déflation** se caractérise par une baisse du niveau général des prix (le taux d'inflation devient alors négatif).

B La mesure de l'inflation

L'**indice des prix à la consommation nationale** constitue l'un des paramètres essentiels du tableau de bord de l'économie française. L'indice des prix à la consommation (IPC), élaboré par les services de l'Insee, remplit plusieurs fonctions.

Le taux d'inflation renseigne les agents économiques dans l'élaboration de leur stratégie. En ce qui concerne les entreprises, la connaissance du niveau de hausse des prix est un des éléments déterminants du point de vue des coûts de production des biens et services destinés au marché domestique (marché français) mais surtout aux marchés internationaux. Le taux d'inflation, et plus particulièrement le différentiel d'inflation, inaugure l'anticipation des ventes sur les marchés en raison de l'amélioration ou de la détérioration de la **compétitivité-prix**.

Le taux d'inflation est l'une des variables fondamentales en matière de **prospectives économiques**, de modélisation et de conception de la politique économique gouvernementale.

Le taux d'inflation est l'instrument de base de la **politique monétaire**, telle qu'elle est conçue par le Système européen des banques centrales (SEBC). Le taux d'inflation, mesuré par l'indice des prix à la consommation harmonisé (IPCH) au niveau européen, ne doit pas augmenter de plus de 2 % par rapport à l'année précédente.

- Enfin, le taux d'inflation est une des données de la **répartition des revenus**. Il est le pourcentage qui fait foi en matière de négociations salariales. La défense du pouvoir d'achat des salaires passe par des revendications conçues en fonction de l'évolution de la hausse des prix.

III Comment caractériser le déficit extérieur ?

A Pourquoi un commerce « extérieur » ?

- Les activités économiques (production, consommation…) supposent l'utilisation de biens et de services qui ne sont pas réalisés à l'intérieur de l'économie nationale et doivent être **importés de pays tiers**.
- L'économie française importe des **matières premières énergétiques** comme le pétrole, des **produits de grande consommation** (électronique grand public, matériels informatiques) ou tout simplement des **produits alimentaires** indisponibles sur le territoire national (thé, café, cacao).
- Afin de financer ces importations, l'économie française produit des biens et des services pour les marchés étrangers : ce sont les **exportations**. La France est particulièrement bien placée en ce qui concerne la construction aéronautique, le matériel ferroviaire et les produits de luxe, tels la haute couture ou les parfums.
- Les échanges de biens et de services entre les nations constituent le **commerce international**. Les entreprises de chaque pays cherchent à se spécialiser en fonction de leurs avantages par rapport aux entreprises des autres nations. L'échange international est réglementé par des **accords internationaux** qui définissent les grands principes de base des relations économiques internationales.

B Le compte des transactions courantes

- La balance des transactions courantes retrace les **échanges entre un pays et le reste du monde**. C'est une des composantes de la balance des paiements.
- La balance des paiements recense les opérations entre les résidents, dont l'activité économique se situe sur le territoire national, et les non-résidents, dont les activités sont extérieures à l'économie française.

La **balance des paiements** de la France est établie par la Banque de France et fait l'objet d'une harmonisation internationale sous l'autorité du Fonds monétaire international (FMI).

ZOOM

Le commerce extérieur de la France

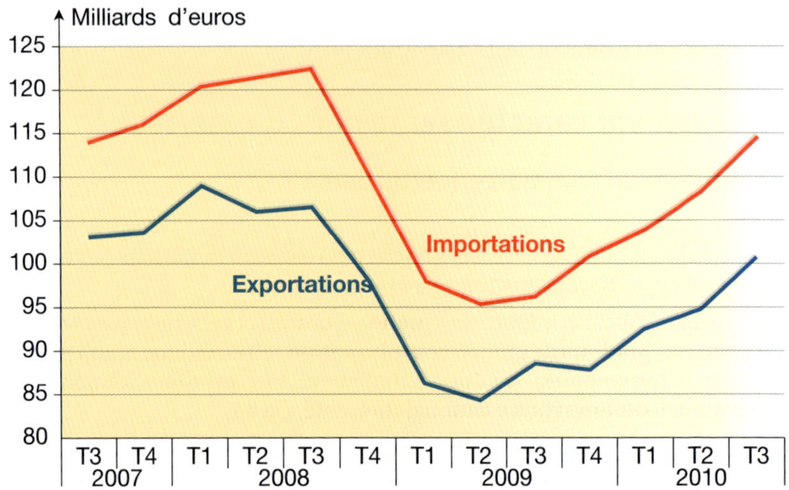

▲ **Évolution des échanges (en milliards d'euros)**

Source : *Les chiffres du commerce extérieur*, Direction générale des douanes et droits indirects, octobre 2010.

▶ On peut constater une **nette décroissance de notre commerce extérieur** durant toute l'année 2009, puis une reprise en 2010. En examinant la courbe des exportations, on remarque qu'elle se situe toujours en dessous de la courbe des importations. Cette différence de valeur a pour conséquence un **solde extérieur négatif** en ce qui concerne le poste marchandise.

■ Le compte des transactions courantes comporte quatre rubriques :
– les **biens ou marchandises** générales correspondent aux transactions de produits matériels sous la forme d'importations et d'exportations ;
– les **services** sont représentatifs de prestations immatérielles. On y trouve les transports, les voyages (recettes touristiques), les services auprès des entreprises (activité de conseil, cessions de licences ou de brevets, grands travaux) ;

– les **revenus** sont relatifs aux rémunérations versées aux non-résidents (salaires, droits d'auteurs, intérêts, dividendes) par les agents économiques français. *A contrario*, des résidents français perçoivent des revenus du reste du monde.
– les transferts courants recouvrent les dons, les aides publiques ou privées (notamment aux pays en développement) donnant naissance à des dettes ou des créances.

Ce poste est, dans le cas de la France, toujours négatif en raison de sa participation à l'aide au développement.

IV Comment l'État peut-il utiliser son budget pour réduire les déséquilibres ?

A Le budget de l'État comme instrument conjoncturel

- Lors d'un ralentissement de l'activité économique ou d'une augmentation du chômage, **l'État peut intervenir afin de stimuler l'activité**. Les dépenses publiques peuvent augmenter lorsque la demande privée baisse, elles peuvent se réduire lorsque la demande privée revient à l'équilibre. Il s'agit, dans le langage des économistes, d'une **action contracyclique**.
- Dans la mesure où les masses budgétaires publiques sont très importantes par rapport au revenu national, une **stratégie à contre-courant** orchestrée par l'État peut jouer un rôle de première importance par rapport à l'économie globale.

B La politique de relance de l'activité économique

1. La relance par la consommation

La relance par la consommation consiste à augmenter le pouvoir d'achat des consommateurs, et donc à accroître le revenu disponible des ménages.

- **Politique fiscale** : on peut réduire l'impôt sur la consommation (TVA), ou l'impôt sur le revenu en privilégiant les contribuables modestes (dont la propension marginale à consommer est relativement forte).
- **Dépenses publiques** : des investissements en infrastructures économiques et sociales (politiques de grands travaux) peuvent générer une diffusion de revenu propice à la reprise de la consommation.
- **Politique salariale** : une augmentation des salaires peut aussi accompagner la volonté étatique de lutte contre la récession.

La **propension marginale à consommer** caractérise le rapport entre l'accroissement du revenu d'un ménage et l'augmentation de ses dépenses de consommation.

ZOOM

L'inflation en France

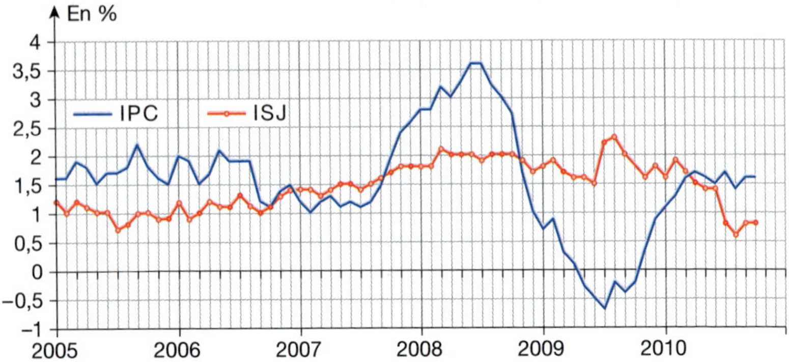

Source : Insee - indice des prix à la consommation.

▶ L'**indice des prix à la consommation** (IPC) est calculé au niveau de l'économie française et concerne l'ensemble des dépenses effectuées par les consommateurs.

▶ L'**inflation sous-jacente** (ISJ) est un indicateur **beaucoup plus fiable** dans la mesure où son calcul permet d'éliminer les effets des hausses de prix décidées par les pouvoirs publics (augmentation du prix du tabac) ou la volatilité du prix des carburants et du fuel domestique, associée aux fluctuations des cours du pétrole au niveau mondial.

2. La relance par l'investissement

La relance par l'investissement utilise les mêmes procédés d'allègement fiscal, mais à destination des entreprises. On peut réduire l'impôt sur les sociétés ou instituer une déduction fiscale spécifique à l'investissement. Dans les deux cas, il s'agit d'inciter la propension à investir des chefs d'entreprise.

C La politique de rigueur

1. Les objectifs d'une politique de rigueur

- Les politiques de rigueur ont pour objectifs de **lutter contre l'inflation** ou de permettre la **réduction du déficit budgétaire** annuel.

Si, dans le cadre d'une politique de relance, on augmente le pouvoir d'achat des ménages, il convient de faire l'inverse dans la perspective d'une politique de rigueur.

2. Les instruments fiscaux et budgétaires d'une politique de rigueur

- L'instrument fiscal permet de **réduire la demande** qui, si elle est supérieure au niveau de l'offre (production domestique) se traduit par l'inflation et le déficit extérieur. On peut également accroître les taux de TVA (c'est-à-dire augmenter l'impôt sur la dépense) ou augmenter l'impôt sur le revenu.
- Cette stratégie étatique se combine avec une **politique monétaire restrictive** et une politique des revenus conçue dans la perspective d'un **strict maintien du pouvoir d'achat.**
- Les politiques de rigueur présentent l'inconvénient de ponctionner les **titulaires de revenus modestes**, qui ont la plus forte propension à consommer.

V Comment la Banque centrale européenne peut-elle soutenir l'activité économique ?

A La politique monétaire

- La politique monétaire consiste à **déterminer la quantité de monnaie** qui doit être mise en circulation à l'intérieur de l'économie.
- Une **émission insuffisante de monnaie**, c'est-à-dire une pénurie de moyens de paiement, se traduit par un **ralentissement de l'activité économique**: les agents économiques ne disposent pas de suffisamment de monnaie pour racheter la production.
- Une **émission excessive de monnaie**, c'est-à-dire largement supérieure à la création de biens et de services réels, a comme conséquence une **hausse des prix**, révélatrice de tensions inflationnistes.

B La politique monétaire de la BCE

- La Banque centrale européenne, créée en 1998, est à l'origine de la politique monétaire de la zone euro. Le traité de Maastricht (signé en 1992 et entré en vigueur en 1993) lui a fixé comme mission de maintenir la stabilité des prix dans la zone euro.
- Le conseil des gouverneurs des banques centrales européennes annonce pour chaque année un **seuil d'augmentation des prix** à ne pas dépasser. Ce seuil

> Au premier janvier 2013, la **zone euro** comprend 17 États membres : Allemagne, Autriche, Belgique, Chypre, Espagne, Estonie, Finlande, France, Grèce, Irlande, Italie, Luxembourg, Malte, Pays-Bas, Portugal, Slovaquie, Slovénie.

devient l'objectif à respecter pour l'ensemble de la zone euro. Il est mesuré par l'indice des prix à la consommation harmonisé (IPCH) qui ne doit pas s'accroître de plus de 2 % chaque année.

- La politique monétaire repose sur le **contrôle de la création de monnaie**. Le conseil des gouverneurs de la Banque centrale européenne définit la progression annuelle d'un agrégat de monnaie normalisé au niveau européen, nommé **M3** (p. 73).

- Parallèlement, les gouverneurs déterminent le niveau des taux d'intérêt directeurs pour l'ensemble de la zone euro. Les crédits bancaires étant à l'origine de la création de monnaie, on peut dire que les autorités monétaires européennes règlent la quantité de monnaie par l'intermédiaire des taux d'intérêt, avec comme objectif la **stabilité des prix en Europe**.

> Plus les **taux d'intérêt** sont élevés, moins les agents économiques ont recours au crédit pour financer leurs activités. *A contrario*, la baisse des taux d'intérêt favorise le crédit.

RÉCAPITULONS

- L'action des pouvoirs publics tend à permettre la réalisation des grands équilibres : équilibre sur le marché du travail, stabilité des prix et équilibre du commerce extérieur.
- Face au chômage, à l'inflation ou au déficit commercial, l'État engage des politiques économiques qualifiées de conjoncturelles. On oppose les politiques budgétaires de relance aux politiques de rigueur.
- La Banque centrale européenne peut, grâce à une diminution de ses taux directeurs, participer à la dynamique économique au sein de la zone euro.

Calculer un taux d'intérêt réel

DÉFINITION

Le taux d'intérêt nominal est le taux qui est proposé au client d'une banque, qu'il s'agisse d'un taux créditeur ou d'un taux débiteur. Cependant l'inflation (hausse des prix) a pour conséquence la perte de pouvoir d'achat de la monnaie. La dette de l'emprunteur est généralement allégée durant les périodes de forte inflation. Il convient donc de calculer le taux d'intérêt en annulant les effets de l'inflation pour obtenir le taux d'intérêt réel.

MÉTHODE

Le calcul du taux d'intérêt réel consiste à retrancher le taux d'inflation du taux d'intérêt nominal proposé par la banque. Ce dernier est diffusé par voie de presse à partir des calculs de l'Insee (Institut national de la statistique et des études économiques).

Taux d'intérêt réel = taux d'intérêt nominal – taux d'inflation

APPLICATION

	Taux d'intérêt nominal	Taux d'inflation
Année 1	7,25 %	1,5 %
Année 2	6,50 %	2 %

Pour l'année 1, le taux d'intérêt nominal proposé par une banque pour un crédit à la consommation est de 7,25 % et le taux d'inflation est de 1,5 % par an. Le taux d'intérêt réel est donc de 5,75 % (7,25 % – 1,5 % = 5,75 %).

Pour l'année 2, le taux d'intérêt réel est de 4,50 % (6,50 % – 2 %).

SE TESTER QUIZ

1 Vrai ou faux ?

	Vrai	Faux
1. L'inflation se traduit par la baisse des prix.	☐	☐
2. Désinflation et déflation sont deux termes synonymes.	☐	☐
3. La BCE a pour objectif la stabilité des prix à l'intérieur de la zone euro.	☐	☐
4. Une politique de relance a pour objectif de réduire l'inflation.	☐	☐
5. La politique fiscale fait partie de la politique conjoncturelle.	☐	☐
6. La politique monétaire de la France est menée par le gouvernement français.	☐	☐

2 QCM

Une politique de relance consiste entre autres pour un gouvernement à :

1. Augmenter les impôts sur la consommation.
2. Alléger la fiscalité qui frappe les entreprises.
3. Engager une politique de grands travaux.

S'ENTRAÎNER

3 Le vocabulaire de la politique conjoncturelle

Complétez le texte avec les mots suivants : *budget de l'État, chômage, conjoncturelles, consommation, fiscalité, inflation, relance, rigueur*.

Face aux déséquilibres économiques comme le .... ou l'......... , les pouvoirs publics peuvent intervenir par des politiques qualifiées de .... L'État peut ainsi orchestrer une politique de .... lorsque le chômage menace. En mobilisant le .... on cherche, par une diminution de la ...., à dynamiser la .... En revanche, en période de croissance de l'inflation ou face à l'accumulation de la dette publique, ce sont les politiques de .... qui sont plutôt avancées comme remèdes aux déséquilibres macroéconomiques.

4 Les taux d'intérêt réels

Amélie et Thomas sont dans la nécessité de changer d'automobile. Leur banquier leur propose un taux d'intérêt de 5,25 %. Par ailleurs, le taux d'inflation est de l'ordre de 1,9 %. Amélie cherche à calculer le taux d'intérêt réel. Comment pouvez-vous l'aider ?

5 Questions clés

Construisez une réponse rapide aux questions suivantes.

1. Qu'est-ce que le chômage pour un économiste ?
2. Qu'est-ce que l'inflation ?
3. En quoi le budget de l'État peut-il être un instrument de régulation de la conjoncture ?

OBJECTIF BAC

6 La politique de relance

En vous aidant des documents ci-dessous, traitez le sujet suivant : « Quels sont les objectifs et les moyens d'une politique de relance ? »

DOCUMENT 1

« La politique budgétaire est l'ensemble des mesures qui déterminent le budget de l'État, c'est-à-dire aussi bien son montant, que sa structure ou que son solde. Le but est de contribuer à la réalisation d'équilibres macroéconomiques. (…) En cas de récession, l'État peut recourir au déficit budgétaire. Il accroît ses dépenses, et donc sa demande, sans augmenter ses recettes, et donc sans réduire la demande des autres agents économiques. Il pallie partiellement l'insuffisance des investissements privés en investissant lui-même.

Marc Montoussé, Dominique Chamblay,
100 fiches pour comprendre les sciences économiques, Bréal, 1995.

DOCUMENT 2 **Effets attendus d'une politique de relance**

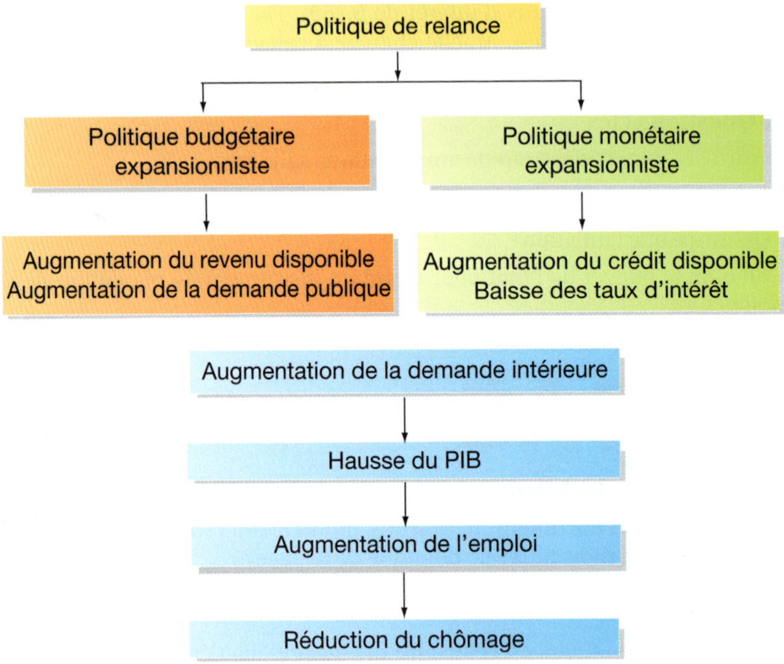

Source : d'après J. Généreux, *Introduction à la politique économique*, Seuil, 1999.

SE TESTER

1 Vrai ou faux ?

1 : faux. 2 : faux. La désinflation est caractérisée par un ralentissement du rythme de l'inflation. La déflation est synonyme de baisse des prix. **3 : vrai. 4 : faux.** Une politique de relance a comme objectif de relancer l'activité économique afin de réduire le chômage. **5 : vrai. 6 : faux.** La politique monétaire découle des stratégies définies au sein du SEBC.

2 QCM

Réponses 2 et 3.

S'ENTRAÎNER

3 Le vocabulaire de la politique conjoncturelle

Face aux déséquilibres économiques comme le **chômage** ou l'**inflation**, les pouvoirs publics peuvent intervenir par des politiques qualifiées de **conjoncturelles**. L'État peut ainsi orchestrer une politique de **relance** lorsque le chômage menace. En mobilisant le **budget de l'État** on cherche, par une diminution de la **fiscalité**, à dynamiser la **consommation**. En revanche, en période de croissance de l'inflation ou face à l'accumulation de la dette publique, ce sont les politiques de **rigueur** qui sont plutôt avancées comme remèdes aux déséquilibres macroéconomiques.

4 Les taux d'intérêt réels

Taux d'intérêt réel = taux d'intérêt nominal – taux d'inflation

Taux d'intérêt réel = 5,25 % – 1,9 % = 3,35 %

5 Questions clés

1. Qu'est-ce que le chômage pour les économistes ?

Pour les économistes, le chômage est un déséquilibre affectant le marché du travail, caractérisé par une offre de travail (celle des demandeurs d'emploi) supérieure à la demande de travail des entreprises. Il existe ainsi un écart entre les besoins d'emplois et les emplois créés par les entreprises.

2. Qu'est-ce que l'inflation ?

L'inflation est un déséquilibre macroéconomique caractérisé par une hausse des prix des biens et des services proposés sur le marché. Les prix augmentent et il faut dépenser davantage de monnaie pour satisfaire aux besoins de consommation d'où une perte de pouvoir d'achat des agents économiques.

3. En quoi le budget de l'État peut-il être un instrument de régulation de la conjoncture ?

Le budget de l'État peut, sous certaines conditions, permettre la régulation de l'activité économique globale à l'intérieur d'un pays ou d'un groupe de pays. La baisse du poids de la fiscalité peut permettre une croissance de la consommation favorable à la création d'emploi et à l'investissement ; les deux phénomènes étant liés. Les pouvoirs publics peuvent ainsi relayer une demande quantitativement insuffisante pour permettre l'instauration d'un niveau d'emploi satisfaisant.

OBJECTIF BAC

6 La politique de relance

Quels sont les objectifs et les moyens d'une politique de relance ?

Les politiques de relance de l'activité économique ont pour finalité de faire face à un ralentissement de l'activité économique pouvant avoir comme conséquence une montée du chômage. Il s'agit d'une action contracyclique. La puissance publique utilise son budget de manière à accroître la demande intérieure (document 1). Les économistes parlent de manipulation discrétionnaire des finances publiques, c'est-à-dire que le gouvernement utilise son budget pour pallier certains déséquilibres, comme le chômage.

Les politiques de relance sont surtout liées à la politique budgétaire. Comme le montre le document 2, le gouvernement décide une baisse de la fiscalité directe ou indirecte pour augmenter le revenu disponible. Parallèlement les administrations publiques peuvent être amenées à augmenter leurs dépenses, par exemple sous la forme d'investissements collectifs (infrastructures de communication, amélioration d'équipements publics existants). Cette stratégie peut s'accompagner d'une politique monétaire expansive, c'est-à-dire d'une baisse des taux d'intérêt : si le crédit est moins cher, il est alors raisonnable d'emprunter pour réaliser des investissements, cette fois-ci privés.

Si le soutien public à l'économie peut redresser la conjoncture et constitue un instrument adapté à la défense du plein-emploi, l'importance des déficits publics rend difficile l'usage du budget à des fins de relance. Par ailleurs, la baisse des taux d'intérêt échappe aux États, puisqu'elle est décidée par la Banque centrale européenne (BCE).

> La conclusion permet de souligner les limites des politiques de relance.

Sociologie générale et sociologie politique

www.annabac.com

CHAPITRE

8 Les processus de socialisation et la construction des identités sociales

On ne peut imaginer une société sans respect de règles collectives. Ces règles collectives doivent être connues, apprises et intériorisées par les acteurs du jeu social. La fonction de socialisation, qui permet l'intégration des acteurs au système, se traduit par l'apprentissage précoce des valeurs et des normes indispensables à la pérennité de la société. Cependant, la socialisation peut varier d'un milieu ou d'un groupe social à un autre dans la mesure où elle reproduit la diversité des conditions et des positions au sein de la structure sociale.

I Valeurs, normes et rôles sociaux

A Société et contrainte sociale

- La contrainte sociale est présente dans toutes les sociétés. C'est elle qui permet à des individus de former une collectivité présentant une relative homogénéité sociale, partageant les mêmes valeurs et répondant au même système de normes.
- C'est le sociologue français Émile Durkheim (1858-1917) qui a le premier souligné l'extériorité de la contrainte sociale par le poids dont elle pèse sur les comportements des individus.

On appelle **contrainte sociale** les façons de penser, de sentir et d'agir qui s'imposent de l'extérieur aux individus.

B Valeurs et normes

1. Les valeurs révèlent le poids de la contrainte sociale

- Les valeurs sont des idées abstraites qui se traduisent souvent par des **modèles de comportement** qu'une personne ou un groupe de personnes reconnaissent comme un « idéal ». Ces modèles sont présentés aux individus comme autant de conduites à adopter. Le « bien » (ce qu'il convient de faire), le « mal » (ce qu'il faut éviter de faire).
- C'est par la **socialisation** que les individus intériorisent des valeurs qui peuvent être celles de la société globale ou d'un groupe social particulier. Ainsi les représentations collectives, l'action politique, les comportements économiques et sociaux sont le plus souvent motivés par les systèmes de valeurs.

Les **représentations collectives** sont des schémas de perception et d'interprétation qui ont cours à un moment donné à l'intérieur d'une société donnée.

2. Les normes conditionnent les comportements et permettent la régulation sociale

- Les normes sont des **règles de conduite**, plus ou moins impératives, destinées à orienter les comportements des individus en accord avec les valeurs dominantes d'une société ou d'un groupe donné.
- Des systèmes de normes peuvent être imposés au sein d'une communauté restreinte (famille, école, entreprise) ou d'ensembles plus vastes (société globale).
- L'apprentissage des normes suppose généralement l'usage d'un système de **sanctions**, positives ou négatives, de façon à recréer des attitudes et dispositions conformes aux nécessités de l'organisation sociale.
- Le **non-respect des normes** au niveau individuel ou collectif se traduit par l'apparition de conduites relevant de la déviance.

3. Les valeurs sont codifiées par des systèmes de normes

- **Les valeurs sont des représentations globales** qui sont présentées aux individus comme des références morales dont ils doivent s'inspirer.
- **Les normes découlent des valeurs**, et se traduisent par les **règles codifiées qui en définissent l'exécution**. Ainsi, l'égalité républicaine (qui figure dans la devise de la République) est une valeur qui s'impose à tous les agents de l'État dans l'exercice de leurs fonctions. De cette valeur découle l'obligation (norme) de l'anonymat des copies de baccalauréat. Aucun correcteur ne doit connaître le nom du candidat dont il évalue la copie, de même que son lycée d'origine.

C Statuts et rôles sociaux

- La notion de **statut** a été définie par le psychosociologue français Jean Stoetzel en 1963 comme l'ensemble des attitudes et comportements que nous sommes en droit d'attendre des autres.
- **La notion de statut est inséparable de la notion de rôle**, défini par le même auteur comme l'ensemble des comportements auxquels les autres s'attendent légitimement de la part d'un individu.
- Ainsi, le maire d'une commune est détenteur d'une fonction officielle, c'est sa position institutionnelle. À ce titre, il attend de ses administrés un certain nombre de comportements, d'attitudes à son endroit, par exemple le respect. L'ensemble des comportements attendus est relatif à son statut. En revanche, ses administrés attendent de lui qu'il se préoccupe de leurs problèmes, ici apparaît son rôle. On peut dire que le rôle que déploie un individu constitue la **partie dynamique** de son statut.

D Statut assigné et statut acquis

- Les **statuts assignés** sont extérieurs à la volonté de l'individu : ils s'imposent à lui (le sexe, la nationalité, le milieu social d'origine sont des statuts assignés).

Le poids des traditions et la pesanteur des institutions obligent souvent les individus à réduire leur part de liberté au profit des obligations de leur milieu. La socialisation familiale fait que relativement souvent les enfants adhèrent aux représentations religieuses de leurs parents. De même, il existe une forte hérédité professionnelle (un peu plus de 45 % des fils d'ouvriers deviennent ouvriers à leur tour).

- Les **statuts acquis** reposent le plus généralement sur le volontarisme des acteurs sociaux, ils procèdent de choix individuels comme l'exercice professionnel, les convictions politiques ou religieuses. Il est toujours possible, dans une société bénéficiant d'un niveau de développement élevé, d'évoluer au sein de la hiérarchie sociale. Ainsi 9 % des ouvriers deviennent cadres.

II Comment s'effectue la socialisation des enfants ?

A Qu'est-ce que la socialisation ?

- La socialisation, ou intégration sociale, est le processus par lequel la société assure la **transmission des valeurs et des normes sociales** auprès des individus.
- Ces valeurs et ces normes transmises par le processus de socialisation sont celles de la société dans son ensemble, mais aussi d'un groupe ou d'un milieu social.

- Les règles sociales sont imposées aux individus par les **instances de socialisation**. Néanmoins, il existe une marge de manœuvre, et les acteurs sociaux peuvent « participer » à leur propre socialisation en construisant leur **identité sociale**.

- On distingue la **socialisation primaire**, qui prend place durant l'enfance, et la **socialisation secondaire**, qui se déroule tout au long de la vie de l'individu. À chaque moment de leur existence sociale, les acteurs sociaux doivent adopter de nouveaux modes de comportement. Ainsi en est-il de l'entrée dans la vie active, de la vie conjugale et familiale, de l'adaptation à la période de la retraite.

La distinction entre **socialisation primaire** et **socialisation secondaire** est évoquée par les sociologues américains P. Berger et T. Luckmann dans *La construction sociale de la réalité* (1966

B Quelles sont les différentes instances de socialisation ?

La socialisation s'effectue par l'intermédiaire **d'institutions** ou d'**instances de socialisation**. Si la famille est généralement le premier agent de socialisation dans l'histoire de l'individu, d'autres institutions permettent l'intégration sociale de l'individu.

- La **famille** constitue la structure de base de la société. Elle est à ce titre le premier des agents de socialisation, à l'origine de la socialisation primaire, celle de l'enfant. La socialisation au sein du groupe familial influe souvent sur les formes d'intégration ultérieure. C'est dans le cadre de la famille que l'enfant est, pour la première fois, confronté aux sanctions positives et négatives.

- **L'école** est, avec la famille, l'une des instances de la socialisation primaire. En dehors du milieu familial, l'enfant apprend la vie en collectivité, intériorise les recommandations scolaires et intègre les savoirs et les savoir-faire nécessaires à son insertion professionnelle.

- **Les religions**, porteuses de valeurs et de normes, permettent également l'intégration sociale. La socialisation religieuse est susceptible de fournir des repères pour les attitudes et les comportements ultérieurs des agents sociaux au sein de leur communauté religieuse, mais également dans le cadre beaucoup plus large de la société globale. Les mouvements de jeunesse, tel le scoutisme, renforcent la socialisation des enfants et des adolescents.

- **Les médias** sont également des vecteurs de la socialisation. La télévision et Internet reproduisent des modèles de comportements qui sont d'autant mieux intériorisés par le spectateur qu'il les a choisi en toute liberté, sans aucune contrainte apparente.

Le groupe de pairs désigne les relations privilégiées d'un individu avec d'autres personnes possédant des caractéristiques identiques. L'appartenance à une même classe d'âge autorise un rapprochement culturel et social entre individus et est à l'origine de comportements communs. Les élèves d'un lycée, les jeunes d'une cité ou d'un village se caractérisent par une forte solidarité et développent des façons de penser, de sentir et d'agir qui en font un groupe à part entière.

Le groupe de pairs peut être lié au métier, à la localisation géographique, mais aussi à l'âge.

SOCIALISATION ET INTERACTIONS SOCIALES

Pour les sociologues interactionnistes, notamment l'Américain George Herbert Mead (1863-1931), la socialisation est le produit des interactions entre les individus. L'interaction se définit comme l'influence réciproque que les partenaires exercent sur leurs actions respectives lorsqu'ils sont en présence physique immédiate les uns des autres. Les rôles sociaux ne découlent donc pas mécaniquement de la position institutionnelle occupée par les acteurs sociaux. Le rôle social ne s'impose pas de l'extérieur, il résulte d'une dynamique comportementale fondée sur les attentes réciproques des différents individus amenés à contracter une relation sociale.

III En quoi la socialisation peut-elle être différentielle ?

A La socialisation n'est pas identique entre les différents milieux sociaux

Les différentes catégories sociales bénéficient de **ressources différentes** du point de vue des patrimoines et des revenus. Naître « fils d'ouvrier » ou « fils de cadre » implique des apprentissages différents, notamment en ce qui concerne les pratiques culturelles (style vestimentaire, parcours scolaire, langage, loisirs).

Les **modes de vie sont distincts** et supposent une éducation de classe qui, par la suite, reproduira les **distinctions entre les différents milieux sociaux**. Le choix du prénom, par exemple, n'est pas neutre socialement parlant. Il est à la base de différences symboliques qui pèseront sur la création de l'identité sociale.

B La socialisation n'est pas identique en fonction du genre de l'enfant

- La famille joue également un rôle dans la construction de l'identité sociale associée au sexe. Chaque société, chaque culture définit à la fois des statuts et des rôles masculins et féminins. Ainsi, l'éducation des jeunes filles et des jeunes gens était différente au début du siècle dernier de ce qu'elle est aujourd'hui.
- Les modes de relation des parents à l'enfant sont différents en fonction du sexe de ce dernier. Les choix parentaux (jouets, loisirs, vêtements…) intègrent les distinctions utiles à l'adaptation ultérieure du garçon et de la fille, et ont une influence sur le mode de socialisation de ces derniers.

C Socialisation et conflits identitaires

- Être fils de médecin, habiter le centre ville, fréquenter un lycée d'excellence et avoir des amis dont les parents sont également membres d'une profession libérale induit une homogénéité dans le processus de socialisation. Il existe alors une congruence entre les différentes instances d'intégration sociale.
- La famille, l'école et le groupe de pairs peuvent agir de façon parallèle dans la définition de l'identité sociale.

> On parle de **congruence** entre deux instances de socialisation quand ces dernières véhiculent des valeurs et des normes similaires.

- Les instances d'intégration sociale peuvent aussi être à l'origine de la diffusion de normes différentes, voire de **normes contradictoires** auprès d'un même individu.
- Il peut ainsi exister une opposition entre la famille et l'école ou entre l'école et le groupe de pairs. Dans ce dernier cas de figure, le jeune se trouve face à un dilemme entre les valeurs scolaires fondées sur le travail et le mérite, et les valeurs d'un groupe de jeunes qui rejette les normes parfois exigeantes du système d'enseignement et de la société.

RÉCAPITULONS

- Les valeurs et les normes permettent la cohésion sociale.
- Les individus acquièrent ces normes et valeurs au cours d'un processus de socialisation qui assure leur intégration au sein de la structure sociale.
- Les instances de socialisation, lieu d'apprentissage des normes et valeurs, sont principalement la famille et l'école.
- On distingue une socialisation primaire (dans l'enfance) et une socialisation secondaire (tout au long de la vie).
- La socialisation s'effectue de façon différentielle en raison de la disparité des ressources mobilisées par les agents sociaux.

Interpréter un graphique de répartition

LA DÉMARCHE

Les graphiques de répartition permettent de visualiser un phénomène économique ou social à un moment donné de ses évolutions. Les graphiques de répartition prennent souvent la forme de **graphiques circulaires ou semi-circulaires**. Ils sont divisés en secteurs proportionnels à la part qu'occupe chaque élément quant à l'ensemble du phénomène étudié.

L'EXEMPLE COMMENTÉ

Pratique religieuse et sentiment d'appartenance des 15-24 ans en France (en %)

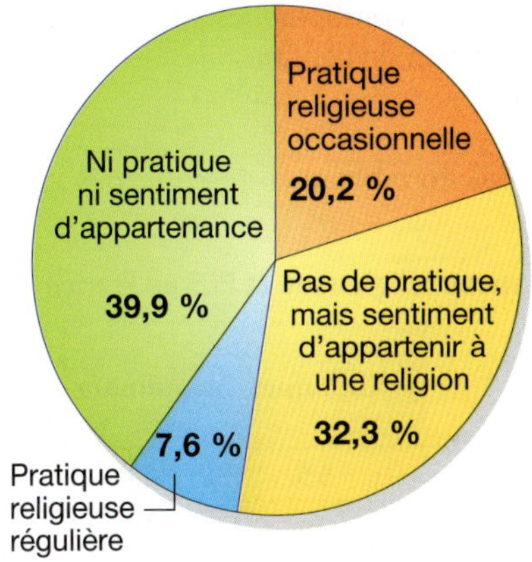

Source : Insee, reproduit in Xavier Niel, *L'état de la pratique religieuse en France*, Insee Première, n° 570, mars 1998.

Le graphique présenté fait référence à la pratique religieuse ou au « sentiment d'appartenance religieuse » des jeunes de 15 à 24 ans. Les pourcentages montrent un intérêt modéré pour le sacré, dans la mesure où près de 40 % des jeunes n'observent aucune pratique religieuse et n'ont pas le sentiment d'appartenir à une religion. En revanche, 52,5 % des jeunes interrogés ont déclaré lors de l'enquête avoir une pratique occasionnelle ou avoir le sentiment d'appartenir à une religion. Il reste 7,6 % des jeunes qui observent une pratique religieuse régulière.

SE TESTER QUIZ

1 Vrai ou faux ?

	Vrai	Faux
1. La contrainte sociale repose sur la liberté individuelle.	☐	☐
2. La socialisation des acteurs se déroule tout au long de leur trajectoire sociale.	☐	☐
3. Le statut acquis ne découle pas de choix individuels.	☐	☐
4. La socialisation est la même pour tous les membres d'une société.	☐	☐
5. Il peut exister des tensions conflictuelles entre la famille et l'école dans la socialisation de l'enfant.	☐	☐

2 QCM

En fonction des données du tableau ci-dessous, déterminez quelle proposition est correcte.

Croyances religieuses et PCS en France en %

	Catholiques	Musulmans	Sans religion	Ensemble de la population
Agriculteurs	5 %	0 %	2 %	4 %
Commerçants, artisans	7 %	5 %	5 %	6 %
Cadres supérieurs	11 %	6 %	16 %	13 %
Professions intermédiaires	19 %	14 %	23 %	20 %
Employés	30 %	26 %	27 %	29 %
Ouvriers	20 %	40 %	23 %	21 %
Inactifs*	7 %	9 %	4 %	6 %

* Les chômeurs et les retraités ont été classés dans leur ancienne profession.

Source : *Alternatives économiques*, n° 233, février 2005.

1. Les catholiques sont principalement cadres supérieurs.

2. Les musulmans sont surtout ouvriers.

3. Les athées sont surtout employés.

S'ENTRAÎNER

3 Le vocabulaire de la socialisation

Complétez le texte ci-dessous avec les mots suivants : *école, famille, milieux sociaux, normes, socialisation différentielle, socialisation primaire, socialisation secondaire, valeurs.*

La socialisation permet l'intégration des individus au sein des structures sociales. Elle se déroule d'abord durant l'enfance, on parle alors de .... Les deux instances de socialisation qui interviennent le plus durant l'enfance sont la .... et l'......... . Mais le processus de socialisation dure tout au long de la vie, on parle alors de .... Dans les deux cas, il s'agit pour les agents de socialisation de faire en sorte que les individus intériorisent les .... et les .... de leur société. L'hétérogénéité des .... se traduit souvent par une .... Les agents sociaux doivent en effet véhiculer les modèles de comportements sociaux spécifiques aux catégories auxquelles ils appartiennent.

4 Questions clés

Répondez aux questions suivantes.

1. Quelles différences peut-on faire entre socialisation primaire et socialisation secondaire ?
2. Quelle est la fonction de l'école dans la socialisation ?
3. En quoi les médias constituent-ils une instance de socialisation ?

OBJECTIF BAC

5 La socialisation de l'enfant

En vous aidant des documents ci-après, traitez le sujet suivant : « Comment la famille assure-t-elle la socialisation de l'enfant ? »

DOCUMENT 1

« Si la famille peut bien et peut seule éveiller et consolider les sentiments domestiques nécessaires à la morale et même, plus généralement, ceux qui sont à la base des relations privées les plus simples, elle n'est pas constituée de manière à pouvoir former l'enfant à la vie sociale. (…) L'éducation est l'action exercée par les générations adultes sur celles qui ne sont pas encore mûres pour la vie sociale. Elle a pour objet de susciter et de développer chez l'enfant un certain nombre d'états physiques, intellectuels et moraux que réclament de lui et la société politique dans son ensemble et le milieu social auquel il est particulièrement destiné.

Émile Durkheim, *Éducation et sociologie*, 1922.

DOCUMENT 2

« Même en ce qui concerne l'aménagement de la chambre de l'enfant, l'adulte ne se sent en paix avec lui même que lorsqu'il a fait de son mieux pour lui créer une ambiance qu'il pense adéquate au sexe de l'enfant. Il démontre ainsi, une fois de plus, qu'il sait que ces interventions précoces sont nécessaires pour obtenir, en son temps, le comportement désiré. La chambre d'un garçon est agencée en général d'une manière plus rigoureuse, moins mignarde, que celle d'une petite fille. C'est le bleu ciel ou les couleurs vives qui prédominent, les tapisseries à fleurs et l'excès d'ornements sont absents. La chambre de la petite fille est plus mièvre, riche en bibelots et fanfreluches, les tons pastels y abondent à moins qu'elle ne soit rose d'emblée.

E. Gianini Belotti, *Du côté des petites filles*, Éditions des femmes, 1974.

POUR VOUS AIDER

La question proposée amène à présenter le rôle de la famille comme instance de socialisation. En mobilisant vos connaissances, vous montrerez comment la famille intervient dans la socialisation de l'enfant, notamment du point de vue de l'apprentissage des règles.

SE TESTER

1 Vrai ou faux ?

1 : faux. La contrainte sociale est à l'opposé de la liberté individuelle (ou de la liberté naturelle qu'évoquent les philosophes). **2 : vrai.** **3 : faux.** Le statut acquis qui découle souvent du statut professionnel est choisi par les agents sociaux. **4 : faux.** La socialisation se traduit souvent par des systèmes de valeurs et de normes différents d'un milieu social à un autre, aussi évoque-t-on une socialisation différentielle. **5 : vrai.**

2 QCM

Réponses 2 et 3.

S'ENTRAÎNER

3 Le vocabulaire de la socialisation

La socialisation permet l'intégration des individus au sein des structures sociales. Elle se déroule d'abord durant l'enfance, on parle alors de **socialisation primaire**. Les deux instances de socialisation qui interviennent le plus durant l'enfance sont la **famille** et l'**école**. Mais le processus de socialisation dure tout au long de la vie, on parle alors de **socialisation secondaire**. Dans les deux cas, il s'agit pour les agents de socialisation de faire en sorte que les individus intériorisent les **valeurs** et les **normes** de leur société. L'hétérogénéité des **milieux sociaux** se traduit souvent par une **socialisation différentielle**. Les agents sociaux doivent en effet véhiculer les modèles de comportements sociaux spécifiques aux catégories auxquelles ils appartiennent.

4 Questions clés

1. La socialisation primaire se déroule essentiellement durant l'enfance par l'intermédiation de la famille et de l'école. La socialisation secondaire quant à elle se poursuit tout au long de la vie. Elle n'est en fait jamais terminée puisqu'à chaque étape de l'existence sociale un individu doit adopter de nouveaux comportements en relation avec les nouveaux statuts qu'il peut être amené à occuper.

2. L'école intervient avec la famille dans le cadre de la socialisation de l'enfant. Mais ce dernier, éloigné du groupe familial, doit intégrer de nouvelles valeurs et de nouvelles normes préparatoires à son entrée dans le monde adulte et également dans le monde professionnel. L'apprentissage des matières « scolaires », de l'enseignement professionnel, des relations au sein d'un groupe social sont nécessaires à son intégration au sein de la société globale.

3. Les médias (télévision, radio, Internet) assurent un rôle non négligeable dans la socialisation de l'enfant. Les images, les mises en situation de la vie sociale, les valeurs qui sont proposées à l'écran constituent autant de modèles de comportement qui permettront le processus d'identification de l'enfant nécessaire à son insertion dans le monde des adultes.

OBJECTIF BAC

5 La socialisation de l'enfant

Comment la famille assure-t-elle la socialisation de l'enfant ?

La socialisation familiale est souvent considérée comme un préalable à toutes formes de socialisation ultérieure. Les incitations parentales sont également assorties de sanctions en fonction du respect des règles proposées : sanctions positives sous la forme de récompenses, et sanctions négatives, c'est-à-dire punitions. La dernière phrase du texte de Durkheim (document 1) insiste sur l'idée d'une socialisation différentielle : l'enfant est préparé à son entrée dans la société globale mais aussi, et en même temps, au milieu social auquel il est particulièrement destiné

L'enfance se caractérise par l'apprentissage des rôles masculins et féminins (être un garçon ou une fille), le code des relations avec les autres et notamment à l'autorité parentale. La famille présente et agence des représentations qui conduisent à l'adoption de comportements qui seront intériorisés pour la vie adulte. Comme le souligne le document 2, les couleurs et la décoration de la chambre ne seront pas identiques pour un petit garçon et pour une petite fille.

La famille est l'une des instances les plus marquantes de la socialisation primaire. À un âge de relative perméabilité, l'enfant apprend progressivement ce que l'on attend de lui comme futur membre de son groupe ou de la société globale.

www.annabac.com

CHAPITRE

9 Groupes et réseaux sociaux

La société globale est composée de multiples groupes sociaux au sein desquels nous sommes impliqués de façon individuelle. Ces groupes sociaux exercent un effet dynamique sur la structure sociale. Constitués en réseaux, ils permettent aux individus de mener à bien des stratégies purement individuelles, mais qui peuvent parfois servir l'intérêt collectif.

I Les groupes sociaux

Un groupe social rassemble des individus qui partagent des références et des pratiques communes et forment une collectivité qui se distingue du reste du corps social.

Le mot **groupe** vient de l'italien *groppo*, qui signifie nœud.

Les membres d'un même groupe se sentent liés les uns aux autres par un fort sentiment d'appartenance qui exclut les individus extérieurs au groupe. Les groupes sociaux se différencient donc d'autres réunions d'individus, telles que les professions et catégories socioprofessionnelles (PCS, construites par le statisticien) ou les classes sociales (instrument intellectuel conçu par le sociologue).

A Groupes primaires et groupes secondaires

1. Les groupes primaires

- Les **groupes primaires**, appelés parfois groupes élémentaires, sont constitués d'un **nombre restreint de personnes**.
- La famille est l'exemple type du groupe primaire. Une famille est composée de plusieurs personnes unies par une certaine solidarité. Quelques détenus qui partagent durablement la même cellule dans un établissement pénitentiaire, les commerçants d'un quartier, les professeurs qui enseignent la même discipline dans un lycée constituent également un groupe primaire.

2. Les groupes secondaires

- Les **groupes secondaires** réunissent un **plus grand nombre d'individus**. On y retrouve le partage de caractéristiques communes et l'existence d'un lien de solidarité.
- Les médecins libéraux, les anciens élèves des grandes écoles (Polytechnique, les Mines, les Ponts et chaussées), les personnes attachées à l'exercice d'une confession religieuse forment des groupes secondaires.

B Groupes d'appartenance et groupes de référence

1. Le groupe d'appartenance

- Le **groupe d'appartenance** est relatif à l'**origine** des individus, c'est en quelque sorte un groupe « de naissance ». Il peut prendre comme base l'origine géographique (pays, région) ou le milieu social (classes sociales).
- Un fils d'agriculteur appartient, en fonction de ses origines socio-économiques, au monde rural. En reprenant l'exploitation familiale, il reste à l'intérieur de son groupe d'appartenance et se conforme aux valeurs professionnelles et au mode de vie qui lui est associé.

2. Le groupe de référence

- Le **groupe de référence** est celui que l'on **souhaite rejoindre**.
- On évoque la notion de socialisation anticipatrice pour désigner l'**adoption des nouveaux codes** permettant de quitter son groupe d'origine pour s'intégrer dans un nouveau groupe.
- Un fils d'agriculteur souhaitant devenir acteur de cinéma devra abandonner les références de son groupe d'appartenance et adopter des attitudes, des comportements plus proches de ceux du groupe auquel il souhaite s'intégrer.

> La notion de **socialisation anticipatrice** a été développée par le sociologue américain Robert King Merton dans les années 1950.

II Capital social et réseaux sociaux

A Qu'est-ce que le capital social ?

- Pour vous faire prêter une voiture, obtenir un coup de pouce pour entrer dans une école de commerce ou trouver un emploi dans une conjoncture économique difficile, vous pouvez utiliser votre capital social.
- Le sociologue français Pierre Bourdieu définit le capital social comme l'ensemble des ressources actuelles ou potentielles liées à la possession d'un réseau durable de relations d'interconnaissances et d'inter-reconnaissances : c'est donc l'**ensemble des relations sociales qu'un individu peut mobiliser** en vue de parvenir à ses **objectifs**.
- Le terme de « capital » fait naturellement référence à l'économie. Tout comme le capital financier, il repose sur une **stratégie d'accumulation par l'investissement** : « se faire des amis » relève alors de la même logique que l'achat de valeurs boursières.

DE L'IMPORTANCE DU CARNET D'ADRESSES

Une étude* de 2010 portant sur plus de 650 embauches montre que dans plus d'un cas sur deux, l'embauche se fait grâce à la mobilisation de relations sociales, que ce soit pour faire circuler l'information sur un recrutement en cours ou pour mettre directement en relation le recruteur et le recruté. Selon cette étude, les employeurs et salariés s'appuient en priorité sur leurs liens personnels ou professionnels.

Source : *Le Journal du CNRS*, février 2011.

* Unité CNRS/Université de Toulouse II – Le Mirail.

B Les réseaux sociaux et l'élargissement du capital social

- Les réseaux sociaux sont des espaces qui mettent en relation les individus en créant des **liens de solidarités spécifiques** entre leurs membres, afin de permettre l'accumulation de capital social.
- Les réseaux sont **multiples**. On peut distinguer des réseaux construits sur des bases intellectuelles, régionales, politiques, syndicales ou religieuses. Les annuaires des « anciens » des grandes écoles (Polytechnique, HEC, l'ENA) constituent un exemple type de réseau.

ZOOM

Les réseaux sociaux en ligne

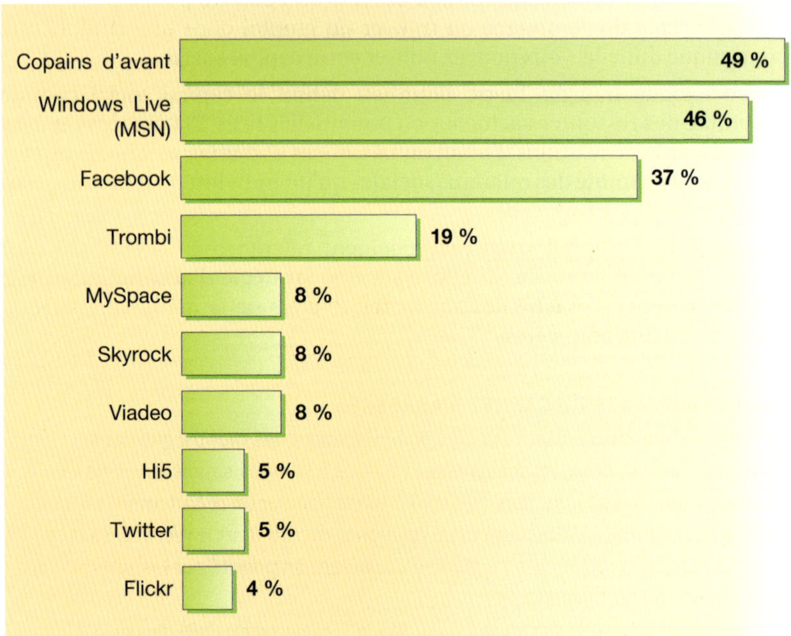

▲ **L'appartenance aux réseaux sociaux en ligne**

Source : Ifop, 2010.

▶ Le développement des technologies de la communication ont été à l'origine de l'apparition de **réseaux sociaux virtuels** sur Internet (Facebook, Viadeo, MySpace, Copains d'avant, etc.).

▶ Ces « nouveaux réseaux » créent des liens de solidarité qui viennent constituer les bases d'un lien social immatériel générateur de capital social.

C Liens forts et liens faibles

On peut différencier les liens forts issus des groupes primaires des liens faibles forgés sur des sociabilités plus éloignées, comme les réseaux sociaux.

- Les **liens forts** caractérisent l'environnement social proche d'un individu, tel la famille, les amis, les voisins ou les collègues de travail.
- Les **liens faibles** sont caractéristiques de solidarités occasionnelles, distantes dans le temps ou dans l'espace. Ainsi, vous pouvez construire un lien avec l'un de vos anciens camarades de classe perdu de vue depuis plusieurs années ou bénéficier d'un lien au-delà des frontières grâce à un réseau virtuel.

D La force des liens faibles

- Pour certaines stratégies individuelles comme la recherche d'emploi, les liens faibles seraient **plus efficaces** que les liens forts.
- En effet, les **liens forts** risquent de limiter l'horizon du chercheur d'emploi à un environnement qui est déjà le sien: les informations qu'il peut collecter seront similaires à celles qu'il possède déjà. De plus les individus de son environnement immédiat peuvent avoir une idée préconçue de ses aptitudes.
- Les liens faibles, par de nouveaux réseaux sociaux, permettent **d'élargir le champ de la recherche**, de multiplier les informations et donc de créer des opportunités intéressantes en termes d'emploi. Les employeurs peuvent également accorder plus de crédit aux réseaux sociaux qu'aux réseaux institutionnels tels que les organismes de placement.

Le sociologue américain Mark Granovetter a développé la force des **liens faibles** dans *The Strength of Weak Ties* (1973).

RÉCAPITULONS

- La société est bâtie sur le lien social.
- On distingue des groupes primaires et des groupes secondaires mais également des groupes d'appartenance et des groupes de référence.
- Les réseaux sociaux sont des espaces de solidarités et de gestion du capital social.

Interpréter les données d'un tableau à double entrée

LA DÉMARCHE

Les tableaux regroupant des données chiffrées sont d'un usage très fréquent en sciences économiques et sociales. Lorsque plusieurs caractères apparaissent dans un tableau, on parle de tableaux à double entrée.

Pour interpréter un tableau à double entrée :

1. Lire le titre, la source et identifier la nature du phénomène présenté.
2. Repérer la tendance générale que suggère la lecture des données présentées en fonction des deux types de données.
3. Développer l'étude du tableau en allant vers les cas particuliers qui peuvent souligner des écarts relativement à la tendance générale précédemment évoquée.

L'EXEMPLE COMMENTÉ

Équipement des ménages en biens durables selon l'âge de la personne de référence (en 2008, en %)

Type d'équipement	16-24 ans	25-39 ans	40-59 ans	60 ans ou plus	Ensemble
Réfrigérateur	99,6	100,0	99,6	99,9	99,8
Congélateur	66,2	82,7	90,1	86,6	86,1
Four à micro-ondes	91,0	89,4	88,7	73,8	83,7
Lave-linge	73,6	92,7	96,4	95,1	94,2
Lave-vaisselle	19,5	45,0	57,2	46,3	48,8
Téléviseur couleur	95,1	95,1	97,2	98,7	97,1
Magnétoscope ou lecteur DVD	81,9	91,1	91,9	69,2	83,3
Téléphone fixe	53,7	79,1	90,6	95,5	88,1
Téléphone portable	87,6	92,5	89,0	58,0	78,9
Micro-ordinateur (y compris portable)	81,0	85,8	76,8	30,6	62,8
Internet	63,3	75,8	67,9	25,4	54,7
Voiture	65,1	86,1	88,8	71,8	81,2

Champ : ensemble des ménages en France métropolitaine.

Source : Insee, SRCV-SILC 2008.

1. Le tableau présente l'équipement des ménages en biens durables en fonction de l'âge de la personne de référence du ménage en 2008. L'enquête a été réalisée par l'Institut national de la statistique et des études économiques (Insee).

2. On peut constater une certaine disparité dans les taux d'équipement en fonction de la nature du bien considéré toutes classes d'âges confondues. Ainsi, les biens présents sur le marché depuis plusieurs décennies sont caractérisés par un taux d'équipement proche du maximum (réfrigérateur, lave-linge ou téléphone fixe). En revanche, les produits nouveaux (micro-ordinateur ou accès à Internet) connaissent des taux d'équipement inférieurs.

> Dans le tableau ci-avant, les lignes sont relatives aux biens durables, les colonnes aux classes d'âges. On étudiera donc l'équipement des ménages : 1. en fonction de la nature du bien, 2. en fonction de la classe d'âge.

3. En ce qui concerne les taux d'équipement par classes d'âges, des différences apparaissent entre les divers biens durables. La tranche des 16-24 ans est plus équipée que la moyenne des Français en fours à micro-ondes, en téléphone portable et en accès Internet, contrairement aux 60 ans et plus. La classe des 40-59 ans qui apparaît comme la mieux équipée pour l'ensemble des biens durables. L'explication repose surtout sur le niveau de revenu de ce groupe par rapport aux autres.

SE TESTER QUIZ

1 Vrai ou faux ?

	Vrai	Faux
1. Un groupe social repose principalement sur la solidarité qui unit ses membres.	☐	☐
2. La socialisation anticipatrice se traduit par la conformité aux normes du groupe d'appartenance.	☐	☐
3. Un groupe de référence se caractérise par certaines normes qu'un individu doit intérioriser afin de s'y intégrer.	☐	☐
4. Les groupes secondaires ne réunissent qu'un petit nombre d'individus unis par de fortes relations de solidarité.	☐	☐
5. Se « faire des amis » est un moyen d'accumulation du capital social.	☐	☐

S'ENTRAÎNER

2 Le vocabulaire des groupes sociaux

Complétez le texte avec les mots suivants : *groupes primaires, groupes secondaires, groupe d'appartenance, groupe de référence.*

De multiples groupes émergent au sein de la structure sociale. On distingue des groupes de dimension restreinte comme une famille ou les commerçants d'un même quartier, ce sont des .... Il existe également des .... , tels les syndicats ou partis politiques. En fonction de nos origines sociales, nous appartenons à un .... Cependant, nous pouvons par nos orientations professionnelles adopter les modes de comportement d'un autre groupe social que le nôtre que l'on qualifiera de ....

3 Questions clés

Répondez aux questions suivantes.

1. Qu'est-ce que le capital social ?

2. En quoi des réseaux sociaux peuvent-ils permettre un élargissement du capital social ?

OBJECTIF BAC

4 La mobilité sociale

En vous aidant des documents ci-après, traitez le sujet suivant : « En quoi la socialisation anticipatrice permet-elle la mobilité sociale ? »

DOCUMENT 1 **Table de mobilité sociale**

Répartition des hommes de 40 à 59 ans selon leur groupe socioprofessionnel et celui de leur père, en %

Groupe socioprofessionnel du fils	Groupe socioprofessionnel du père : Agriculteur	Artisan, commerçant, chef d'entreprise	Cadre et profession intellectuelle supérieure	Profession intermédiaire	Employé	Ouvrier	Ensemble
Agriculteur	22	1	8	8	8	1	4
Artisan, commerçant, chef d'entreprise	6	21	6	8	7	8	9
Cadre et profession intellectuelle supérieure	9	22	52	33	22	10	19
Profession intermédiaire	17	24	26	33	28	23	24
Employé	9	9	6	9	17	12	11
Ouvrier	37	24	9	17	26	46	34
Ensemble	**100**	**100**[1]	**100**[1]	**100**	**100**	**100**	**100**[1]

Insee, *Données sociales*, 2006.

1. Le total calculé est différent de 100 pour des raisons d'arrondi.

Champ : les 7 045 000 hommes actifs ayant un emploi ou anciens actifs ayant eu un emploi, âgés de 40 à 59 ans en 2003.

DOCUMENT 2

« Pourquoi certains individus, dans certaines situations, se définissent-ils ou se réfèrent-ils positivement à un groupe social qui n'est pas leur groupe d'appartenance ? Les exemples abondent : les petites filles qui trouvent "cloche" de jouer à la poupée et préfèrent courir dans les bois avec leurs frères, les enfants d'immigrés qui refusent leurs traditions et valorisent les attitudes de leurs copains autochtones, les ouvriers qui suivent des cours comme les techniciens de leur entreprise.

Claude Dubar, *La Socialisation*, Armand Colin, 2000.

POUR VOUS AIDER

- Commencez par définir la socialisation anticipatrice.
- Efforcez-vous de souligner les mécanismes qui permettent de passer des valeurs et des normes de son groupe d'appartenance à celles de son groupe de référence.
- Repérez dans le document 1 [table de mobilité sociale] quelques données qui rendent compte du passage d'un groupe socioprofessionnel à un autre.

SE TESTER

1 Vrai ou faux ?

1 : vrai. 2 : faux. La socialisation anticipatrice suppose l'abandon des valeurs et des pratiques associées au groupe d'appartenance au profit de celles du groupe de référence. **3 : vrai. 4 : faux.** Les groupes secondaires réunissent un grand nombre d'individus comme les pratiquants d'une religion ou les adhérents d'un parti politique ou d'un syndicat. S'il existe une certaine solidarité au sein de ces groupes, cette solidarité est moins forte que celle qui existe au sein de groupes primaires comme la famille. **5 : vrai.**

2 Le vocabulaire des groupes sociaux

De multiples groupes émergent au sein de la structure sociale. On distingue des groupes de dimension restreinte comme une famille ou les commerçants d'un même quartier, ce sont des **groupes primaires**. Il existe également des **groupes secondaires**, tels les syndicats ou partis politiques. En fonction de nos origines sociales, nous appartenons à un **groupe d'appartenance**. Cependant, nous pouvons par nos orientations professionnelles adopter les modes de comportement d'un autre groupe social que le nôtre que l'on qualifiera de **groupe de référence**.

S'ENTRAÎNER

3 Questions clés

1. Qu'est-ce que le capital social ?

Le capital social désigne les apports relationnels dont un individu ou un groupe d'individus peuvent bénéficier de façon privilégiée. Un diplômé d'une grande école peut mobiliser le soutien de ses anciens camarades de promotion pour améliorer sa position professionnelle dans l'entreprise (obtenir de nouveaux contrats, de nouveaux clients, l'accord de facilités bancaires, etc.).

2. En quoi des réseaux sociaux peuvent-ils permettre un élargissement du capital social ?

Les réseaux sociaux sont à l'origine de solidarités spécifiques entre leurs membres. Les « annuaires des anciens » des grandes écoles constituent une illustration de la reconduction et de l'élargissement du capital social détenu par un individu ou ses proches. Il est possible de trouver dans son carnet d'adresses les coordonnées de bons interlocuteurs, qui pourront donner un « coup de main » dans la gestion de ses activités professionnelles.

OBJECTIF BAC

4 La mobilité sociale

En quoi la socialisation anticipatrice permet-elle la mobilité sociale ?

La socialisation anticipatrice est le processus par lequel un individu apprend et intériorise les valeurs d'un groupe auquel il désire appartenir. L'adoption de nouveaux comportements empruntés au groupe de référence permet une relative mobilité sociale.

La mobilité sociale entre deux générations, celle du père et celle du fils, est appelée mobilité intergénérationnelle. L'analyse des tables de mobilité sociale montre une certaine hérédité des positions socioprofessionnelles (46 % des fils d'ouvriers deviennent ouvriers à leur tour). On peut néanmoins constater qu'entre deux générations, celle des pères et celles des fils, il existe une circulation des individus à l'intérieur des groupes socioprofessionnels (33 % des fils de membres des professions intermédiaires sont devenus cadres ou membres d'une profession intellectuelle supérieure).

> Vous illustrerez votre propos par quelques exemples empruntés au document 1.

La socialisation anticipatrice contribue à l'ascension sociale entre deux générations. L'accès rendu plus facile à l'enseignement et à la culture, un relatif brassage des populations autorise la rencontre de sous-cultures de groupes auparavant imperméables.

www.annabac.com

CHAPITRE

10 Contrôle social et déviance

Le contrôle social permet de renforcer l'homogénéité des attitudes et des pratiques sociales, permettant ainsi la vie en collectivité. Les différentes attentes qui s'adressent aux individus exercent une pression sur leurs comportements qui les oblige à agir dans le sens voulu par l'organisation sociale. Néanmoins, la conformité aux règles collectives n'est jamais parfaite. Un certain nombre d'agents contrecarrent les règles en vigueur par l'adoption de stratégies déviantes, c'est-à-dire qui s'écartent des normes.

I Comment s'exerce le contrôle social aujourd'hui ?

A Qu'est-ce que le contrôle social ?

- La notion de contrôle social, traduite littéralement de l'anglais *social control*, correspond aux fonctions d'**intégration sociale** ou de **régulation sociale**.
- Le contrôle social désigne donc l'ensemble des processus par lesquels les membres d'un groupe ou d'une collectivité entraînent les individus à respecter et reproduire les modèles de comportements favorables aux **valeurs et aux normes en vigueur.**
- Le contrôle social assure la pérennité de la société en permettant aux acteurs sociaux de répondre aux différentes attentes dont ils sont l'objet.

B Le contrôle social définit les attentes collectives

- Les attentes collectives sont **imposées aux agents** sociaux qui doivent les respecter. On peut distinguer trois types d'attentes : les attentes obligatoires, les attentes nécessaires et les attentes facultatives.
- Le non-respect des **attentes obligatoires est sanctionné par la loi**. Le port de la ceinture de sécurité en voiture ou le respect de la loi anti-tabac qui interdit de fumer dans un lieu public constituent donc des attentes obligatoires.

- Les **attentes nécessaires** ne relèvent que d'une institution ou d'un groupe social particulier. Un salarié qui ne remplit pas le cahier des charges qui lui est imposé ou ne respecte pas le règlement intérieur de l'entreprise qui l'emploie peut être licencié. Même dans ce dernier cas de figure, il conserve sa position à l'intérieur du corps social.
- Si le non-respect des **attentes facultatives** n'est pas sanctionné de façon autoritaire, il peut occasionner au contrevenant la désapprobation de son entourage. On peut citer les obligations liées à la courtoisie et à la politesse.

C Contrôle social et relations interindividuelles

- Les rapports sociaux sont fondés sur la **réciprocité des attentes individuelles**. Si, dans le cadre du « jeu » social, l'un des partenaires ne répond pas aux attentes d'autrui, le rapport social risque de s'interrompre ou de se transformer en conflit.
- Le contrôle social repose sur des institutions spécialisées (police, tribunaux, maisons d'arrêt) mais aussi sur la dynamique interne des groupes sociaux. L'intervention des agents répressifs n'intervient qu'en dernière instance, lorsque l'entreprise de socialisation n'a pu se réaliser de façon optimale.
- C'est dans le cadre des groupes primaires (par exemple la famille ou l'école) que les individus apprennent le mieux, sous le poids d'une contrainte modérée, les rôles réclamés par l'organisation sociale (voir p. 113).

> Les **groupes sociaux** ont vocation à encadrer les acteurs par des systèmes de valeurs et de normes plus ou moins contraignantes qu'ils sont amenés à reproduire dans leurs pratiques sociales

II Qu'est-ce que la déviance ?

La déviance se caractérise comme une **transgression des normes collectives** d'un groupe ou de la société globale. Ces écarts par rapport aux valeurs et aux normes remettent en cause l'homogénéité sociale et sont le plus souvent sanctionnés.

1. Déviance et formes de sociétés

- L'**évolution des sociétés** se traduit par des **modifications des systèmes de valeurs et de normes** imposés aux acteurs sociaux.
- Ce qui est condamnable dans une société particulière ne le sera pas forcément dans une autre. Ainsi le divorce, contraire aux valeurs de la religion catholique, était interdit dans la société française de l'Ancien Régime et a été légalisé par la Révolution française.

2. Déviance et groupes sociaux

- La diversité des groupes sociaux dans les sociétés développées se traduit parfois par des oppositions entre la **culture dominante** (société globale) et les **sous-cultures de groupes** (classes d'âge, classes sociales). Certains individus sont ainsi confrontés à plusieurs systèmes de valeurs et de normes différents.
- Suivant le rapport de force qui s'établit pour chaque individu entre chacune de ces influences, on assistera soit à une **intégration réussie**, soit à une **marginalisation sociale**. Les sociologues de l'école de Chicago expliquent ainsi la délinquance juvénile. Les adolescents des classes populaires se trouvent partagés entre d'une part les valeurs traditionnelles véhiculées par leur famille et le système d'enseignement et, d'autre part, les valeurs et normes des « bandes de jeunes » s'opposant aux normes dominantes de la société américaine.

III En quoi la déviance peut-elle s'expliquer par l'anomie ?

A Qu'est-ce que l'anomie ?

- L'anomie (du grec *a*, sans, et *nomos*, loi) caractérise un certain état des structures sociales qui se traduit par un **relâchement du « lien social »**. Elle révèle un dérèglement des relations entre les individus et la société. À ce titre, l'anomie peut expliquer l'augmentation des phénomènes de déviance.
- L'anomie apparaît plus particulièrement dans les sociétés modernes marquées par le **progrès technique** et le **changement social**.

L'**anomie** en tant que notion sociologique a été étudiée par le Français Émile Durkheim et l'Américain Robert King Merton.

B Quelles sont les origines de l'anomie ?

- La **division et l'organisation du travail** sont le plus souvent appréhendées comme étant à l'origine d'une forte solidarité entre ceux qui travaillent « ensemble ». Partager les mêmes outils, fabriquer le même produit au sein de la même entreprise permet de nouer des rapports solidaires. Cependant, **l'hyperspécialisation des tâches** conduit à un **relâchement du lien social** qui peut dans certaines situations provoquer une **rupture dans le processus de solidarité**. La parcellisation des tâches prônée par l'ingénieur américain Frederick Winslow Taylor aboutit en effet à une situation où chaque exécutant se trouve seul face à la machine, sans contact réel avec les autres intervenants du processus de production. La division du travail devient alors facteur d'anomie.

Le « mal de l'infini » est avancé par Émile Durkheim dans *Le Suicide* (1897). Le sociologue français montre que dans les sociétés industrielles, la pression du corps social est moins forte que dans les sociétés traditionnelles. Les agents socialisateurs (famille, religion) laissent une plus grande place à la **liberté individuelle**. Les individus ne sont plus freinés par les instances d'intégration sociale, et leurs aspirations s'accroissent alors à l'infini. L'anomie est alors engendrée par la **contradiction entre la montée des aspirations individuelles et les possibilités de les satisfaire**.

IV Comment mesurer le niveau de délinquance ?

A La notion de délinquance

Il convient de bien **différencier la délinquance de la déviance** :
– la déviance est une notion sociologique attachée à la **transgression** de règles qui ne sont pas forcément écrites, comme les usages de la politesse dans un milieu social déterminé ;
– la délinquance caractérise des comportements qui vont à l'encontre de la loi pénale et constituent un **délit**.

Ne pas se déganter lorsque l'on serre la main d'une personne s'oppose aux règles de la courtoisie mais n'est pas sanctionné par le droit. Le vol d'une automobile conduit son auteur devant le tribunal correctionnel qui a pour mission de condamner les délits.

B Le « chiffre noir » de la délinquance

Les victimes de délits déclarent-elles toutes auprès des autorités de police ou de gendarmerie les faits dont elles ont été l'objet ? Qu'il s'agisse de violences conjugales, de menaces verbales ou de harcèlement dans le cadre professionnel, une partie des délits ne fait pas l'objet d'une plainte devant l'autorité judiciaire.

Ces non-déclarations de la part des victimes ont pour conséquence de fausser les statistiques de la délinquance.

On appelle « chiffre noir de la délinquance » l'estimation chiffrée des délits qui ne sont pas répertoriés par la police ou la gendarmerie. Cette donnée est obtenue par le biais d'enquêtes anonymes auprès de la population. Le chiffre noir permet de passer de la délinquance apparente (celle qui est déclarée) à la délinquance réelle.

Une victime peut choisir de ne pas déclarer un délit par peur de représailles, par méfiance vis-à-vis de la police ou parce qu'elle doute de l'aboutissement de la plainte…

RÉCAPITULONS

- Le contrôle social caractérise les modes de régulation permettant aux acteurs sociaux de reproduire par leurs comportements les valeurs et les normes sociales.
- La déviance suppose des façons de penser, de sentir et d'agir en contradiction avec les valeurs et les normes en vigueur. Elle peut s'expliquer par la présence de tensions anomiques.
- La délinquance met à jour des comportements en rupture avec les règles juridiques. Elle est statistiquement difficile à estimer.

Lire un diagramme en bâtons

LA DÉMARCHE

Le diagramme en bâtons est une représentation graphique qui permet de visualiser de façon globale plusieurs données chiffrées relevant d'un phénomène économique ou social.

Pour lire et analyser un diagramme en bâtons, il convient de:

1. Lire le titre, la source et identifier la nature du phénomène présenté et éventuellement son mode de calcul.

2. Repérer la tendance générale qui se détache de la lecture du graphique.

3. Développer l'étude et l'analyse du graphique en observant les cas particuliers qui peuvent présenter des écarts importants avec la tendance générale.

L'EXEMPLE COMMENTÉ

Opinions sur la sécurité dans son quartier selon le niveau de revenu, en % des réponses

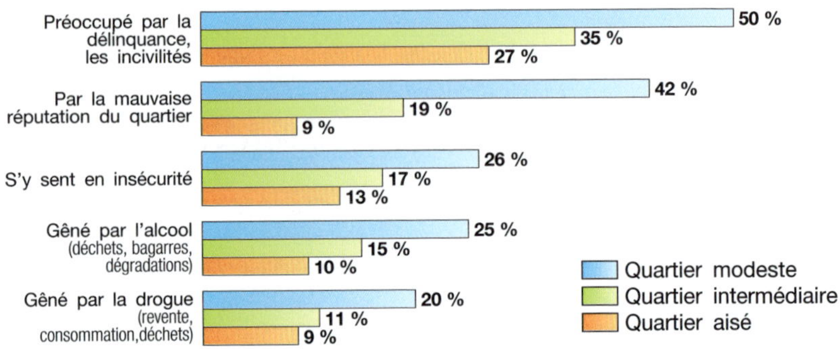

Source : Insee.

1. Ce graphique illustre les opinions de différents segments de population (définis par le niveau moyen de revenu du quartier de résidence).

2. Il met en évidence deux données principales. D'une part on peut constater que d'une façon générale, plus les individus vivent dans un quartier modeste, plus le sentiment d'insécurité est important. Ainsi, 50 % des populations habitant un quartier modeste sont préoccupées par la délinquance contre seulement 27 % des personnes qui résident dans un quartier aisé.

3. D'autre part, c'est en matière de mauvaise réputation du quartier que la différence est la plus forte entre populations modestes (42 %) et populations aisées (9 %).

SE TESTER QUIZ

1 Vrai ou faux ?

	Vrai	Faux
1. Les règles de politesse sont des attentes obligatoires au sein du corps social.	☐	☐
2. La déviance se définit comme une transgression des normes sociales en vigueur.	☐	☐
3. La délinquance caractérise des comportements qui s'opposent aux lois.	☐	☐
4. L'anomie s'explique par un relâchement du contrôle social.	☐	☐
5. Le chiffre noir de la délinquance est établit en fonction des déclarations des victimes auprès de la police et de la gendarmerie.	☐	☐

2 QCM

En vous aidant du graphique ci-dessous, choisissez la proposition exacte.

Victimes d'agressions en 2003 et 2004, en %

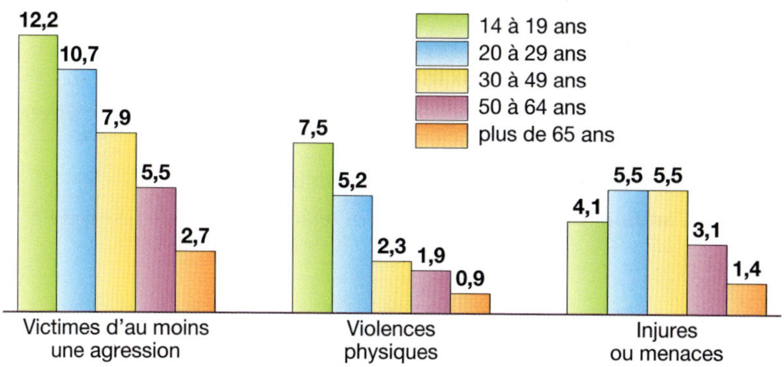

Source : Insee, enquêtes permanents sur les conditions de vie, in *Alternatives économiques*, hors série, n° 78.

1. Les personnes les plus âgées (plus de 65 ans) sont le plus victimes de violences physiques.

2. Les 20 à 49 ans subissent le plus d'injures et de menaces.

3. Les plus de 65 ans ont été le plus fréquemment victimes d'agression en 2003 et 2004.

S'ENTRAÎNER

3 Le vocabulaire du contrôle social

Complétez le texte avec les mots suivants : *attentes facultatives, attentes obligatoires, chiffre noir, contrôle social, délinquance, déviance, normes, valeurs.*

L'appartenance à une société suppose l'adhésion aux .... et aux .... qui la définissent. Les agents sociaux doivent être « encadrés » afin de respecter les règles en vigueur : c'est ce que l'on appelle le .... La régulation sociale repose sur la conformité des individus aux modèles de comportement qui assurent la pérennité de l'organisation sociale. Ainsi, on distingue les ...., comme le respect du code de la route, des ...., comme l'observation des règles de politesse et de courtoisie. Adopter des comportements en contradiction avec les valeurs dominantes relève de la .... Agir en contradiction avec les lois relève de la .... Les chiffres permettant la quantification de la délinquance sont difficiles à recenser, aussi parle-t-on de .... de la délinquance pour caractériser cette partie de la délinquance qui n'apparaît pas dans les données de l'autorité judiciaire.

4 Questions clés

Répondez en quelques lignes aux trois questions suivantes.

1. Quelles différences distinguent les attentes obligatoires des attentes nécessaires ?

2. Qu'est-ce qui différencie la déviance de la délinquance ?

3. En quoi l'anomie s'explique-t-elle par un relâchement du lien social ?

OBJECTIF BAC

5 Délinquance et milieu social

En vous aidant des documents ci-dessous, vous traiterez le sujet suivant: «Peut-on dire que la délinquance est plus particulièrement attachée à certains milieux sociaux?»

DOCUMENT 1

« En premier lieu, il n'existe pas de définition générique de la norme (et par conséquent de la déviance) puisque, selon le milieu social d'appartenance, la définition du licite et de l'illicite s'avère fluctuante: se « bagarrer » dans la rue peut être perçu comme un acte répréhensible dans les catégories supérieures alors qu'il s'agira d'une preuve d'honneur dans les milieux populaires, le courage physique s'opposant à la lâcheté.

Philippe Riutort, *Premières leçons de sociologie*, Coll. Major, PUF.

DOCUMENT 2

« En 2003, le sociologue Hugues Lagrange a lancé une grande enquête dans les quartiers d'habitat social sur les « inconduites » des adolescents: de la mise en danger de soi, par la consommation de psychotropes ou le décrochage scolaire, aux violences envers autrui. Il a suivi individuellement 4 500 élèves, soit l'intégralité des classes de 6e des collèges de trois sites – Mantes-la-Jolie, Saint-Herblain et le XVIIIe arrondissement de Paris –, du point de vue de leurs résultats et de leur implication éventuelle dans des délits. Son but? Mesurer les effets des origines socioprofessionnelles et culturelles, de la configuration familiale et du contexte local sur les modes de vie de ces ados. Et comprendre pourquoi ils ont plus de risques d'être confrontés à ces difficultés que les autres. (…) Un enfant, quel que soit son milieu, s'en sortira mieux s'il vit dans un quartier à population socialement mélangée, avec une proportion importante de professions intermédiaires. La lutte contre la délinquance et l'échec scolaire passe donc par la mixité sociale. « Notre enquête établit que des mesures politiques simples pourraient s'avérer vraiment efficaces, dans le domaine scolaire en particulier. » Lesquelles? Faciliter l'accès des mères à un emploi, même modeste: par un effet d'émulation, les enfants de ces quartiers dont les mamans travaillent réussissent mieux. Ou promouvoir la scolarisation dès l'âge de trois ans.

Le Journal du CNRS, n° 214, novembre 2007.

SE TESTER

1 Vrai ou faux ?

1 : faux. Les règles de politesse et de courtoisie sont des attentes facultatives. **2 : vrai. 3 : vrai. 4 : vrai. 5 : faux.** Le chiffre noir de la délinquance a pour origine des enquêtes de victimation réalisées *a posteriori* par les pouvoirs publics.

2 QCM

Réponse 2.

S'ENTRAÎNER

3 Le vocabulaire du contrôle social

L'appartenance à une société suppose l'adhésion aux **valeurs** et aux **normes** qui la définissent. Les agents sociaux doivent être « encadrés » afin de respecter les règles en vigueur : c'est ce que l'on appelle le **contrôle social**. La régulation sociale repose sur la conformité des individus aux modèles de comportement qui assurent la pérennité de l'organisation sociale. Ainsi, on distingue les **attentes obligatoires**, comme le respect du code de la route, des **attentes facultatives**, comme l'observation des règles de politesse et de courtoisie. Adopter des comportements en contradiction avec les valeurs dominantes relève de la **déviance.** Agir en contradiction avec les lois relève de la **délinquance**. Les chiffres permettant la quantification de la délinquance sont difficiles à recenser, aussi parle-t-on de **chiffre noir** de la délinquance pour caractériser cette partie de la délinquance qui n'apparaît pas dans les données de l'autorité judiciaire.

4 Questions clés

1. Quelles différences distinguent les attentes obligatoires des attentes nécessaires ?

Les attentes obligatoires apparaissent dans un cadre large pouvant correspondre à la société dans sa globalité. On peut prendre comme exemple le paiement de l'impôt sur le revenu. Vos revenus une fois déclarés par votre employeur donnent lieu au calcul de votre dette fiscale (ce que vous devez au Trésor public). En revanche, les attentes nécessaires sont attachées à un cadre social plus limité (famille, communauté, entreprise). Si vous travaillez sur un chantier de travaux public, le port du casque est obligatoire sous peine de faute professionnelle. Il s'agit d'une attente nécessaire à la seule activité professionnelle.

2. Qu'est-ce qui différencie la déviance de la délinquance?

La déviance est caractérisée par un comportement en opposition aux valeurs et aux normes de la société globale ou d'un groupe social particulier. En revanche, la délinquance relève d'un comportement en opposition aux lois d'un État. La vente de cannabis est interdite en France. Le contrevenant est passible du tribunal correctionnel pour trafic de stupéfiant.

3. En quoi l'anomie s'explique-t-elle par un relâchement du lien social?

Les tensions anomiques peuvent s'expliquer par un délitement du lien social dans la mesure où l'on assiste à une montée de l'individualisme et à une moindre insertion des individus dans des réseaux de sociabilité. Par ailleurs, une moindre pression du corps social laisse davantage de liberté aux agents sociaux qui peuvent, dans leurs pratiques, s'écarter des valeurs et des normes dominantes.

OBJECTIF BAC

5 Délinquance et milieu social

Peut-on dire que la délinquance est plus particulièrement attachée à certains milieux sociaux?

La délinquance semble frapper davantage les milieux sociaux plutôt défavorisés en termes de capital économique et de capital culturel. Ce phénomène peut s'expliquer par des différences à la fois en ce qui concerne la connaissance des normes de la culture dominante que leur interprétation (document 1). La bagarre de rue est pour un jeune « des quartiers » un passage obligé de son processus de socialisation et de la construction de son identité sociale. L'apparition d'un litige entre bandes rivales ne se règle pas par l'intermédiation des adultes ou des détenteurs de l'autorité publique mais « entre soi ».

Par ailleurs, les difficultés d'intégration de certains jeunes des banlieues, liées à l'échec scolaire et à l'absence de qualification, renforcent la marginalisation sociale et l'adoption de comportements déviants en regard des valeurs et des normes dominantes. Davantage de mixité sociale, une meilleure collaboration entre les familles et l'école ne peuvent donc que participer à l'intégration sociale de tous les jeunes quels que soient leurs milieux d'origine.

Le document 2 fournit des explications et propose des pistes dont vous rendrez compte dans la seconde partie.

On peut souligner le fait que la délinquance est souvent attachée à l'hétérogénéité des structures sociales, des conditions et des modes de vie.

www.annabac.com

CHAPITRE

11 L'organisation politique

La politique, du grec *polis* (Cité), désigne les grandes règles d'organisation qui assurent la continuité de la structure sociale et du système économique. La naissance progressive de l'État moderne a permis de dépasser les intérêts purement individuels par l'émergence de la volonté générale qui s'applique à tous par l'intermédiaire de la loi. Parallèlement, la nation a contribué à légitimer l'État par l'apparition d'un vouloir vivre ensemble, ciment du corps social.

I Qu'est-ce que l'État ?

A La notion d'État

Le terme « État » vient du latin *status* (debout). L'État désigne une organisation qui sert de cadre et de support au pouvoir politique. Il est caractérisé par une dissociation entre la continuité de l'organisation politique et l'homme (ou les hommes) qui, à un certain moment, sont les titulaires du pouvoir. Ainsi l'actuel président de la République est le premier personnage de l'État, mais son mandat une fois expiré, et s'il n'est pas réélu par le corps électoral, il sera remplacé par un nouveau président de la République française.

L'usage du terme **État** apparaît à l'époque de la Renaissance (l'un des premiers auteurs à y faire allusion est l'Italien Nicolas Machiavel dans *Le Prince*, 1515).

- **L'État de droit** désigne une organisation politique qui protège ses membres de l'arbitraire du pouvoir. L'organisation des pouvoirs publics est codifiée dans des textes constitutionnels reconnus et ratifiés par la population. Les citoyens peuvent se faire entendre et bénéficient de la protection de la loi. L'État de droit suppose également l'existence de **contre-pouvoirs**, aussi bien du point de vue des institutions politiques (Conseil constitutionnel) que de la société civile (syndicats, groupes d'intérêt, associations).

L'**État-nation** renvoie à un territoire donné sur lequel une population s'est donné des institutions politiques communes. L'article 3 de la Déclaration des droits de l'homme et du citoyen du 26 août 1789 (toujours en vigueur) stipule que le principe de souveraineté réside essentiellement dans la Nation et qu'aucune section du peuple ni aucun individu ne peut s'en attribuer l'exercice.

L'État peut prendre des formes différentes :
– l'**État unitaire** repose sur l'unité décisionnelle en matière législative, administrative et judiciaire. C'est le cas de la France, où « la République est une et indivisible ». Cependant, au niveau local, en fonction des lois de décentralisation de 1982, des prérogatives sont accordées aux collectivités locales (régions, départements et communes) ;
– l'**État fédéral** réunit des États indépendants qui partagent avec d'autres États un certain nombre de prérogatives politiques et administratives (les États-Unis d'Amérique par exemple).

B L'État comme forme de contrat social

L'origine et la légitimité de l'État reposent sur un **« contrat social »** comme le souligne le philosophe français Jean-Jacques Rousseau dans *Du contrat social* (1762).

L'État est la conséquence juridique d'un **accord entre les gouvernants et les gouvernés**.

Selon les termes de ce contrat, la fonction de l'État n'est pas de concilier tous les intérêts égoïstes, mais plutôt de dégager une « volonté générale » au service du bien commun. Ainsi apparaît le consensus démocratique.

LE CONTRAT SOCIAL

La notion de contrat social désigne le pacte unissant les hommes libres ayant abandonné leur liberté naturelle contre la liberté politique sous-tendue par l'égalité de tous. En état de nature, les hommes sont libres ; en État politique, ils délèguent leur pouvoir à l'autorité politique qui fera prévaloir la volonté générale pour le bien de tous dont la loi devient alors l'expression.
Grâce au contrat social, selon le philosophe français Jean-Jacques Rousseau (1712-1778), « chacun n'obéit qu'à lui-même et reste aussi libre qu'auparavant » (*Du contrat social*, 1762).

C L'État comme organisation juridique

- L'État, personne morale de droit public, est caractérisé par trois éléments :
– un **pouvoir souverain**, c'est-à-dire une autorité politique légitime ;
– une **population** composée de nationaux et d'étrangers résidant sur le territoire national ;
– un **territoire** sur lequel l'État exerce sa souveraineté.

- L'État se caractérise par l'**institutionnalisation du pouvoir** : l'exercice du pouvoir ne repose pas sur des personnes (les gouvernants, qui n'en sont que les titulaires provisoires) mais sur des lois et des institutions.

D L'État comme instrument de domination

- Certains sociologues du politique ont souligné le caractère répressif du pouvoir d'État. Ainsi, selon le sociologue allemand Max Weber, l'État se définit par **le monopole de la violence physique légitime** sur un territoire déterminé. L'État est en effet la seule organisation à pouvoir recourir à la force légale (police, armée) et à condamner (magistrature) ceux qui s'écartent des lois en vigueur.

- L'État ne serait pas « neutre » vis-à-vis du système économique et des propriétaires des instruments de production. Pour Karl Marx, l'**État est un instrument au service de la classe dominante**, un ensemble d'appareils coercitifs permettant à la bourgeoisie, dans le mode de production capitaliste, de perpétrer sa domination économique sur les classes exploitées.

II Qu'est-ce que la nation ?

A La nation, un héritage collectif

- La nation se présente comme un ensemble de **caractéristiques communes** partagées par une population, telles que la culture, la langue ou la religion.

- Elle peut être appréhendée comme un **héritage historique** qui relierait, par-delà les générations, des individus constituant une communauté autonome et différente des autres communautés nationales.

- On parle de **conception objective** de la nation dans la mesure où l'appartenance nationale, résultante de cet héritage culturel transmis de génération en génération, s'impose aux individus en dehors de leur libre choix.

B La nation, un « vouloir vivre » ensemble

- Une autre conception de la nation s'oppose à la précédente. La nation serait le produit d'un consentement entre des individus qui aspirent à **« vivre ensemble »**.

Ni la géographie des États, dont les frontières fluctuent au cours de leur histoire, ni la langue ne peuvent définir la nation. Une langue comme l'anglais est partagée par de très nombreuses populations dans le monde : le Royaume-Uni et les États-Unis ne forment pas une nation, pas plus que le Portugal et le Brésil, qui ont tous deux le portugais comme langue nationale. Par ailleurs, le critère religieux ne suffit pas à créer le sentiment national : plusieurs confessions religieuses peuvent coexister dans un même pays, et de surcroît un grand nombre de personnes n'adhèrent plus à un système religieux.

La nation serait donc le fruit de la **volonté individuelle** d'appartenir à une communauté culturelle dans ce qu'elle a de distinctif par rapport aux autres communautés. On parle alors de **vision subjective** de la nation.

C La nation, une construction idéologique

Pour les marxistes, la nation relève de l'idéologie. La manipulation de « symboles nationaux » tels que les drapeaux, les hymnes nationaux, les références à la patrie ou à l'intégrité du territoire ne servent qu'à détourner les classes productives des réalités de l'exploitation de la classe capitaliste et à opposer les populations opprimées les unes contre les autres.

Le sociologue Raymond Boudon définit l'**idéologie** comme autant d'énoncés faux et douteux auxquels on accorde une crédibilité qu'ils ne méritent pas.

La défense de la nation serait alors à l'origine de conflits militaires particulièrement coûteux en termes de ressources humaines sans aucun gain pour l'humanité prise dans sa globalité.

III Qu'est-ce que la démocratie ?

A La démocratie est le pouvoir du peuple

La démocratie est un système politique fondé sur le **pouvoir du plus grand nombre**.

Elle s'oppose à la **monarchie** (pouvoir d'un seul) et à l'**oligarchie** (pouvoir de quelques-uns).

Selon la formule du président américain Abraham Lincoln (1809-1865) « la démocratie, c'est le pouvoir du peuple, par le peuple et pour le peuple ». Cette formule est reprise dans l'article 2 de la constitution française du 4 octobre 1958 (constitution de la Ve République).

Le terme **démocratie** vient du grec demos, « le peuple » et *cratos*, « pouvoir ».

On doit au philosophe grec Aristote (384-322 av. J.-C.) la classification des systèmes politique en fonction notamment du nombre de gouvernants (monarchie, aristocratie et démocratie).

B Les différents modèles de démocratie

1. La démocratie directe

- Dans un régime de démocratie directe, le pouvoir appartient à chaque citoyen qui devient un gouvernant : c'est la **citoyenneté-participation**. La citoyenneté est alors moins un droit qu'un pouvoir : celui de participer aux décisions qui entraînent l'avenir de la Cité.
- L'exemple le plus caractéristique de la démocratie directe reste la démocratie athénienne. Ce modèle comportait cependant d'**importantes limites** : ni les femmes, ni les étrangers à la Cité, ni les esclaves n'étaient citoyens et ne pouvaient prendre part aux décisions relatives au fonctionnement de la Cité.

2. La démocratie représentative

- L'augmentation de la population des États démocratiques, la complexité de l'organisation et de la gestion des sociétés modernes empêchent les citoyens de participer directement à l'élaboration et à l'application des décisions politiques. Pour cette raison, la démocratie devient représentative, ou indirecte.
- Les citoyens exercent leur pouvoir par l'intermédiaire de **représentants élus** lors des consultations électorales (les élections). On passe ainsi d'une citoyenneté active (la citoyenneté-participation d'Aristote) à une citoyenneté reposant sur la délégation du pouvoir politique aux professionnels de la politique et de l'État.

> Dans les démocraties antiques, les **citoyens** n'exerçaient pas d'activités professionnelles puisque le travail était dévolu aux esclaves. Dans les démocraties moderne, les citoyens travaillent et ils n'ont pas tous le temps de faire de la politique ou de participer à l'élaboration des règles publiques.

3. Vers une démocratie participative ?

- La démocratie représentative souffre d'un certain nombre de limites. Les populations remettent en effet leurs pouvoirs aux professionnels de la politique lors des élections sans pouvoir par la suite infléchir – si ce n'est par les choix électoraux – les décisions politiques qui les concernent au premier chef.
- La notion de démocratie participative permet de décrire certaines pratiques sociopolitiques qui redonnent du pouvoir à la « base citoyenne ». Les associations de quartiers, les groupes d'intérêt fondés sur la défense de l'environnement, les associations de consommateurs pourraient combler ce vide entre les citoyens et des autorités politiques parfois jugées trop lointaines pour « coller » aux préoccupations quotidiennes des populations.

RÉCAPITULONS

- L'État est défini comme un contrat entre les citoyens et une organisation politique. Il peut également être considéré comme un instrument de domination.
- La nation est construite sur les bases d'un héritage culturel et sur l'adhésion volontaire à des idéaux communs.
- La démocratie est le pouvoir du peuple. Les démocraties modernes sont dites représentatives : le peuple participe à l'élection de ses représentants.

Utiliser les pourcentages de répartition

DÉFINITION

La notion de proportions, appelées aussi parts relatives, permet de singulariser une partie par rapport à un ensemble plus vaste auquel elle appartient. Les proportions permettent des comparaisons dans l'espace et dans le temps utiles à l'analyse économique et sociale. Les proportions peuvent certes s'exprimer en valeur absolue, mais il est bien plus « parlant » de transformer les valeurs absolues en pourcentages de répartition.

MÉTHODE

Pour passer de la valeur absolue à un pourcentage, on divise le nombre de la valeur étudiée par le nombre exprimant la valeur de l'ensemble auquel elle appartient et on multiplie le nombre obtenu par 100.

$$\frac{\textbf{valeur étudiée}}{\textbf{valeur de l'ensemble}} \times 100$$

APPLICATION

Composition et effectif des groupes politiques à l'Assemblée nationale (2008)

Union pour un mouvement populaire (UMP)	314
Socialiste, radical, citoyen et divers gauche	204
Gauche démocrate et républicaine	26
Nouveau centre	25
Députés n'appartenant à aucun groupe	8
Total des députés	577

Source : Assemblée nationale.

Pour déterminer la part relative en pourcentage des députés UMP par rapport à l'ensemble de leurs confrères, on applique la formule évoquée plus haut :

$$\left(\frac{314}{577}\right) \times 100 = 54{,}42\ \%$$

SE TESTER QUIZ

1 Vrai ou faux ?

	Vrai	Faux
1. L'État a pour origine le contrat social passé entre les citoyens.	☐	☐
2. L'État est parfois considéré comme un instrument de domination.	☐	☐
3. L'usage d'une langue commune suffit à définir une nation.	☐	☐
4. La démocratie moderne repose sur l'élection de représentants.	☐	☐

2 QCM

Selon le titre I, article 2 de la Constitution, la démocratie est :

1. Le gouvernement du peuple pour le peuple.

2. Le gouvernement du peuple, par le peuple et pour le peuple.

3. Le gouvernement du peuple, avec le peuple et pour le peuple.

S'ENTRAÎNER

3 Le vocabulaire du pouvoir

Compléter le texte avec les mots suivants : *classe dominante, contrat social, institutionnalisation du pouvoir, légitimité, marxistes, violence physique légitime, volonté générale.*

L'État, d'un point de vue juridique, repose sur l' .... Ce n'est pas le pouvoir d'une personne comme dans une monarchie traditionnelle, mais le pouvoir du peuple fondé sur le .... Les citoyens, lors des élections élisent leurs représentants qui bénéficient alors de la .... républicaine. L'État incarne alors la .... Cependant, l'analyse sociologique fait ressortir les caractéristiques coercitives de l'État qui peut alors se définir par le monopole de la .... sur un territoire déterminé. Pour les .... , l'État n'est pas neutre, il est constitué d'un ensemble d'instruments au service de la ....

4 Questions clés

Répondez aux trois questions suivantes.

1. Qu'est-ce que le consensus démocratique?
2. Pourquoi la démocratie moderne est-elle une démocratie représentative?
3. Quelles sont les fonctions de l'État selon les marxistes?

OBJECTIF BAC

5 La démocratie

En vous aidant des documents ci-dessous, vous traiterez le sujet suivant: « En quoi la démocratie est-elle vraiment le pouvoir du peuple? »

DOCUMENT 1

« La démocratie est pour certains auteurs un idéal inaccessible, un modèle analogue à la concurrence pure et parfaite en économie. Le politologue américain Robert Dahl préfère utiliser le concept de polyarchie pour désigner les systèmes politiques des nations occidentales. La polyarchie est définie comme le pouvoir du plus grand nombre : les citoyens sont associés à la vie politique, notamment par la désignation des gouvernants, et les différends entre les groupes sociaux se trouvent réglés de façon pacifique.

D'autres auteurs remettent en question l'existence possible d'un gouvernement démocratique.

Marx considère la démocratie comme une illusion mystificatrice: elle ne peut exister tant que la société civile est partagée entre propriétaires et non-propriétaires des moyens de production. (…) On peut prendre comme exemple la liberté de la presse, que l'on peut considérer comme un principe formel et non réel dans la mesure où un journal a besoin, pour paraître, de ressources publicitaires. Indirectement (et parfois directement), les sphères économiques et financières exercent une pression sur les équipes éditoriales.

Les théoriciens élitistes dénoncent eux aussi le caractère illusoire de la démocratie. Le pouvoir est toujours confisqué par une élite politique qui l'utilise à son profit afin de bénéficier des multiples privilèges qui y sont attachés.

Jean-Claude Drouin, *Les Grandes Notions de la sociologie*, Coll. Major, PUF, 1997.

DOCUMENT 2 **La course au pouvoir…**

Caricature « Les hommes politiques » d'Adolphe Willette (1857-1926), dans *L'assiette au beurre* du 20 décembre 1902, collection Kharbine-Tapabor.

POUR VOUS AIDER

- Caractérisez la démocratie comme système politique, notamment à partir de la définition du Président américain Abraham Lincoln.
- À l'aide des deux documents, montrer les limites du système démocratique quant à l'application concrète des principes mêmes qui le caractérisent.

SE TESTER

1 Vrai ou faux ?

1 : vrai.

2 : vrai. La théorie marxiste souligne le fait que l'État n'est pas neutre, il est toujours l'instrument des intérêts économiques de la classe dominante.

3 : faux. La nation est notamment définie par Ernest Renan comme la volonté manifestée par les populations de « vouloir vivre » ensemble.

4 : vrai.

2 QCM

Réponse 2. Selon le titre I, article 2 de la Constitution, la démocratie est le gouvernement du peuple, par le peuple et pour le peuple.

S'ENTRAÎNER

3 Le vocabulaire du pouvoir

L'État, d'un point de vue juridique, repose sur **l'institutionnalisation du pouvoir**. Ce n'est pas le pouvoir d'une personne, comme dans une monarchie traditionnelle, mais le pouvoir du peuple fondé sur le **contrat social**. Les citoyens, lors des élections élisent leurs représentants qui bénéficient alors de la **légitimité** républicaine. L'État incarne alors la **volonté générale**. Cependant, l'analyse sociologique fait ressortir les caractéristiques coercitives de l'État qui peut alors se définir par le monopole de la **violence physique légitime** sur un territoire déterminé. Pour les **marxistes**, l'État n'est pas neutre, il est constitué d'un ensemble d'instruments au service de la **classe dominante.**

4 Questions clés

1. Qu'est-ce que le consensus démocratique ?

Les divergences, les tensions économiques et sociales supposent une procédure de réduction d'éventuels conflits entre les membres d'une même population. La démocratie, pouvoir du peuple, permet de substituer l'intérêt général à la seule défense des intérêts particuliers. Ainsi, les élections au suffrage universel ont pour objectif de dégager un pouvoir politique coïncidant avec les aspirations des citoyens.

2. Pourquoi la démocratie moderne est-elle une démocratie représentative ?

La démocratie directe semble techniquement impossible à organiser dans un pays regroupant, comme la France, plus de 64 millions de personnes. Les électeurs choisissent les représentants qui gouverneront – par délégation – à leur place. Par ailleurs, les questions politiques sont parfois complexes et supposent des compétences très variées qui ne sont pas forcément partagées par le plus grand nombre. On assiste ainsi à une professionnalisation du personnel politique, spécialisé dans la gestion des questions collectives.

3. Quelles sont les fonctions de l'État selon les marxistes ?

Pour Karl Marx, l'État n'est pas l'instrument de l'intérêt général, mais le défenseur des intérêts de la classe possédante. À son époque, il s'agissait des propriétaires des instruments de production, c'est-à-dire la bourgeoisie industrielle. Dans la tradition ouverte par Marx au milieu du XIXe siècle, on peut évoquer aujourd'hui la collusion entre pouvoir économique et pouvoir politique.

OBJECTIF BAC

5 La démocratie

En quoi la démocratie est-elle vraiment le pouvoir du peuple ?

La démocratie (du grec *démos*, peuple) repose sur le pouvoir du peuple souverain, par opposition à la monarchie, pouvoir d'un seul, ou à l'aristocratie, pouvoir d'une élite éclairée. L'article 2 du préambule de la constitution de la Ve République (1958) stipule que la République est le gouvernement du peuple, par le peuple et pour le peuple. L'article suivant évoque la souveraineté nationale qui appartient au peuple, qui l'exerce par ses représentants. Par ailleurs, le système démocratique est également articulé autour de larges contre-pouvoirs qui limitent les prérogatives de l'exécutif.

Cependant, les démocraties occidentales seraient plus formelles que réelles. Pour un auteur comme Karl Marx, la société est partagée entre propriétaires et non-propriétaires des moyens de production, et le pouvoir politique – quelle que soit sa forme – est toujours le pouvoir de la classe économiquement dominante. L'exemple de la presse évoqué dans le document 1 montre que la liberté d'expression est très largement dépendante du pouvoir économique.

Par ailleurs, la démocratie représentative peut être appréhendée comme un combat, une course pour le pouvoir au sein de la classe politique. Le document 2, une caricature de la fin du XIXe siècle, souligne la lutte pour l'obtention d'un portefeuille de ministre. Les élections permettraient aux professionnels de la politique, en s'appuyant sur la naïveté du corps électoral, de confisquer les postes étatiques et les bénéfices qui y sont associés.

La démocratie repose sur le pouvoir des citoyens, de même que l'économie de marché repose sur le pouvoir souverain des consommateurs. Tout comme ces derniers, les citoyens peuvent réclamer plus de transparence dans la conduite des affaires de l'État et faire davantage sentir leurs doléances par l'exercice d'une démocratie plus participative (pétitions, associations de quartiers, etc.).

La conclusion permet d'aller au-delà des deux thèses évoquées et d'élargir la problématique développée.

Regards croisés

CHAPITRE

12 Entreprise, institution, organisation

La production des biens et des services au sein d'une entreprise repose sur une organisation reliant différents acteurs coopérant dans une optique de rationalité collective. Il s'agit d'accorder les moyens aux objectifs de la firme. Mais l'entreprise est également un espace où se nouent des rapports sociaux qui peuvent, parfois, être à l'origine de tensions et de conflits.

I L'organisation hiérarchique

A Qu'est-ce qu'une organisation ?

Une organisation est un ensemble structuré de décisions, de communication et de moyens mobilisés dans le but d'atteindre certains objectifs. L'organisation de l'entreprise s'est historiquement développée sur les bases de l'organisation militaire, d'où la dénomination d'organisation hiérarchique.

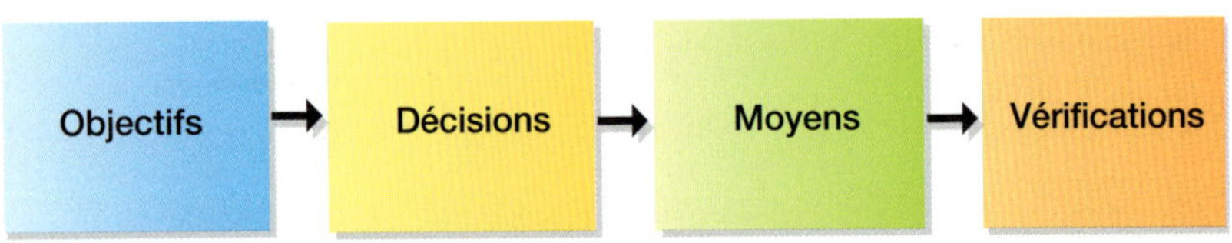

- **La hiérarchie de l'organisation** est articulée entre le sommet, c'est-à-dire le dirigeant, et la base, les exécutants, ouvriers ou employés. Cette **répartition des tâches** est inhérente au modèle de Taylor qui cherche à prouver la supériorité de la division entre les **fonctions de conception et les fonctions d'exécution**.
- **Le principe d'exception** : les exécutants ne peuvent faire remonter une information au sommet

> **Frederick Winslow Taylor** (1856-1915) est un ingénieur américain à l'origine d'une organisatio du travail qui porte son nom : le taylorisme, ou organisation scientifique du travail (OST).

de l'entreprise que dans des cas exceptionnels. Selon Taylor, les ouvriers perdraient leur temps à penser le procès de production.

- **Une structure de commandement unique** en la personne du « chef d'entreprise ». On retrouve cette idée chez Henri Fayol, pour qui le chef d'entreprise doit répondre à cinq impératifs :
– prévoir ;
– organiser ;
– commander ;
– coordonner ;
– contrôler.

Henri Fayol, ingénieur dans une entreprise minière, est l'auteur d'un ouvrage intitulé *Administration générale et industrielle* (1916).

- **La spécialisation des tâches productives** : le travail productif est parcellisé de façon à améliorer le niveau de la production et de la productivité. Les rémunérations sont individualisées en fonction de la contribution de chaque exécutant au travail collectif.

B Qu'est-ce qu'une organisation bureaucratique ?

- Les chefs d'entreprise et les ingénieurs ne sont pas les seuls à s'être penchés sur les phénomènes liés à l'organisation. Le sociologue allemand Max Weber a défini la bureaucratie comme un système d'organisation, typique des sociétés modernes, fondé sur la **rationalisation de l'action collective**.

- Ce type d'organisation existe non seulement dans les administrations publiques mais aussi dans d'autres types d'activités (entreprises privées, partis politiques, églises, syndicats).

- Le système bureaucratique est caractérisé par :
– l'**autonomie** des acteurs du système. L'exercice de leur fonction est défini de façon objective. Leur recrutement passe par des procédures impersonnelles (concours, entretien et tests d'embauche) ;
– les **rémunérations** découlent de la **position hiérarchique** et du niveau de responsabilité. Les agents subalternes sont contrôlés par leurs supérieurs hiérarchiques ;
– les **décisions** reposent sur des règles écrites comme les règlements d'entreprises ou les règlements administratifs.

Les **effets pervers de l'organisation bureaucratique** ont été soulignés à de multiples reprises. La bureaucratie se traduirait par une trop grande **rigidité**, par un **frein aux adaptations** et aux changements nécessaires, par une **fuite des responsabilités individuelles** sous couvert de l'organisation. Aussi un sociologue comme Michel Crozier dénonce-t-il le cercle vicieux de la bureaucratie qui ferait de la société française une « société bloquée ».

C Organisation et coopération

L'organisation est une fonction indispensable à la pérennité, à la croissance et au développement de l'entreprise. On peut distinguer plusieurs systèmes internes à l'organisation qui nécessitent la coopération de nombreux acteurs unis par la réalisation des objectifs collectifs.

Cette configuration de la structure des organisations a été développée par le sociologue canadien **Henry Mintzberg**, spécialiste du management et des organisations.

- **Le sommet stratégique** est à l'origine de la définition de la structure de l'organisation. Il est en quelque sorte la « tête pensante » de l'organisation. Composé des dirigeants de la firme, le sommet assure également l'ensemble des relations entre l'entreprise et son environnement.

- **La ligne hiérarchique** regroupe d'une part les cadres et les techniciens, qui servent de relais entre le sommet (les dirigeants) et d'autre part les exécutants positionnés sur le terrain de la production.

Il n'existe pas de définition du **cadre** d'entreprise. On retiendra l'idée de responsabilité, éventuellement de délégation du pouvoir patronal auprès d'autres salariés placés sous l'autorité du cadre (même si on peut être cadre sans exercer de fonctions d'encadrement) et de cotisations aux caisses de retraite des cadres.

- **Le centre opérationnel** comprend tous les agents productifs des biens et des services de la firme. On y retrouve, en termes de catégories socioprofessionnelles les employés et ouvriers.

- **La technostructure** est composée des experts, des consultants internes ou externes à l'entreprise qui ont pour objectifs de réaliser des missions de conseil pour le sommet stratégique. Il peut s'agir de la recherche d'une meilleure organisation du travail plus productive que la précédente, de l'élaboration d'une nouvelle gamme de produits, d'une nouvelle démarche en termes de communication de l'entreprise (publicité à l'endroit des consommateurs).

- **Les fonctions de supports logistiques** concernent des activités indispensables à l'organisation mais pas forcément attachées à la réalisation du produit. Le service de sécurité, de restauration pour les personnels, l'entretien des locaux font partie des supports logistiques.

II Quelles sont les différentes parties prenantes de l'entreprise ?

A Les parties prenantes internes

Cette notion fait référence à l'ensemble des acteurs internes à l'entreprise, qui sont directement concernés par ses résultats, son fonctionnement et ses stratégies.

- **Les propriétaires ou actionnaires** (dans le cas d'une société anonyme) sont détenteurs du capital de l'entreprise. Leurs apports ont été consentis à des fins de rentabilité par rapport aux capitaux investis. Ils recherchent essentiellement une augmentation des bénéfices ou une valorisation du cours du titre (pour les sociétés anonymes cotées sur une place financière).
- **Les salariés de l'entreprise** offrent leurs compétences et leur travail à l'entreprise. Ils sont à la recherche de la pérennité de leur emploi et d'une amélioration de leur salaire ainsi que de leurs conditions de travail.
- **Les syndicats** défendent institutionnellement les revendications des salariés. Ils reprennent comme objectifs la défense de l'emploi et l'amélioration des conditions de travail et des rémunérations.
- **Les dirigeants** sont dans la plupart des cas salariés de l'entreprise. Ils ont été recrutés sur la base de leurs compétences techniques et ont pour tâche de diriger et gérer l'entreprise.

B Les parties prenantes externes

- **Les clients** constituent la pierre angulaire de toute entreprise : sans clients… plus d'entreprise. Dans le cadre de la consommation finale des ménages, les clients sont attentifs à la qualité, aux prix, à l'information sur le produit, aux services après-vente (SAV). De nouvelles demandes apparaissent quant aux caractéristiques environnementales des produits.
- **Les banques** sont les créanciers des entreprises. Elles cherchent, tout comme les propriétaires, l'augmentation du chiffre d'affaires, l'amélioration des bénéfices, la pérennité et le développement de l'entreprise.
- **L'État et les collectivités locales** (régions, départements, communes) attendent de l'entreprise un comportement loyal vis-à-vis des pouvoirs publics (notamment en matière fiscale) et une attitude responsable d'un point de vue sociétal (maintien et création d'emplois, respect de l'environnement, développement local, emploi de travailleurs handicapés).

RÉCAPITULONS

- L'organisation est une structure de décisions orientée vers la réussite d'un ou de plusieurs objectifs préalablement définis.
- L'organisation d'entreprise repose sur la coopération de différentes structures fonctionnelles articulées entre elles dans un souci d'efficacité collective.
- Les parties prenantes de l'entreprise englobent les acteurs internes mais aussi extérieurs à l'entreprise.

Construire une argumentation en SES

LA DÉMARCHE

- Il s'agit de répondre à une question, de soulever un problème ou de proposer une explication à partir d'un document (texte, tableau statistique ou représentation graphique). Il est donc indispensable de bien comprendre la question posée, puis de lire et d'analyser le document afin de construire une argumentation cohérente et structurée.
- Généralement, la taille de l'argumentation représente une dizaine de lignes. Il est conseillé d'élaborer, au brouillon, un plan structuré de quelques lignes avant de rédiger directement sur la copie d'examen.
- N'hésitez pas à faire apparaître vos connaissances personnelles.

L'EXEMPLE COMMENTÉ

DOCUMENT

« Alors que la crise sociale et économique continue d'avoir des conséquences désastreuses sur le monde du travail et les ménages, le patronat, le gouvernement et sa majorité parlementaire continuent de faire payer la crise aux plus modestes ! Or, la sortie de crise passe nécessairement par la revalorisation du travail et non par la dégradation de sa qualité. C'est pourquoi le salaire doit être la juste rémunération de la force de travail garantissant les moyens nécessaires à l'existence de chaque salarié dans les conditions d'aujourd'hui, en dehors de tout autre élément de rémunération. Garantir le pouvoir d'achat des salariés actifs, privés d'emploi et retraités est une étape incontournable pour que le salaire réponde réellement aux besoins et à leurs évolutions. Or, la crise est le nouvel argument phare pour bloquer les salaires, dans le privé et le public. Depuis plus de vingt ans, les politiques salariales ont porté un coup sérieux au niveau des salaires. Les ouvriers et employés tout comme les cadres, ingénieurs, techniciens et agents de maîtrise sont touchés.

Extrait d'un tract CGT-Arrivé*, 26 mars 2010.

* la société Arrivé est une entreprise du secteur de l'agroalimentaire.

Sujet : Quelle revendication la CGT cherche-t-elle à faire valoir ?

La Confédération générale du travail (CGT), née en 1895, est l'un des cinq syndicats représentatifs du monde du travail. Dans ce texte diffusé sur Internet, le syndicat insiste sur la nécessité de revaloriser les salaires. Il stigmatise comme fallacieux l'alibi de la « crise » pour geler les rémunérations des salariés.

Présentez le contexte général du texte et identifiez la source.

Selon la CGT, le patronat, le gouvernement et la majorité parlementaire semblent faire peser sur les travailleurs les effets de la crise financière et économique amorcée en 2008 (« la crise est le nouvel argument phare pour bloquer les salaires »). Cette situation ne serait pas nouvelle puisqu'elle durerait depuis plus de vingt ans.

La fonction structurelle des syndicats est de défendre le prix de la force de travail. Aussi, la CGT évoque-t-elle la nécessité d'une juste rémunération du travail accompli au service de l'entreprise, et d'un maintien du pouvoir d'achat du salaire face au coût de la vie pour tous, quelle que soit la qualification hiérarchique et la situation, actif ou retraité, employé ou demandeur d'emploi.

Développez une argumentation structurée (au moins deux parties).

Selon la CGT, la sortie de crise passe par la revalorisation du travail. Les économistes libéraux, tels Smith ou Ricardo, avaient le même point de vue : le travail est le premier des facteurs de production en tant que source de la valeur, et ceux qui sont à l'origine de la valeur ne doivent pas en être privés.

Concluez en deux lignes en élargissant les propos présentés précédemment

SE TESTER QUIZ

1 Vrai ou faux ?

	Vrai	Faux
1. Les banques sont des parties prenantes internes de l'entreprise.	☐	☐
2. Les salariés sont des parties prenantes externes à l'entreprise.	☐	☐

2 QCM

Choisissez la proposition exacte.

Les actionnaires d'une société anonyme :

1. Sont des parties prenantes internes de l'entreprise.

2. Sont des parties prenantes externes à l'entreprise, parce qu'ils n'y travaillent pas.

3. Ne sont pas considérés comme parties prenantes d'une entreprise.

S'ENTRAÎNER

3 Le vocabulaire de l'entreprise

Compléter le texte avec les mots suivants : *banques, coopération, dirigeants, externes, gestion, internes, salariés.*

L'étude des structures de l'entreprise repose sur la théorie des organisations. Différentes parties prenantes doivent être considérées dan leurs rapports réciproques. On distingue les parties prenantes .... qui associent les propriétaires du capital et les .... Les parties prenantes .... comprennent par exemple les clients, mais aussi les .... à l'origine du financement de l'entreprise. Au sommet de la pyramide hiérarchique de l'entreprise, on trouve les .... qui assurent la .... de l'entreprise par une .... entre tous les acteurs internes ou externes de la firme.

4 Questions clés

Répondez aux questions suivantes.

1. En quoi une entreprise est-elle une organisation ?

2. Pourquoi l'existence de la « technostructure » est-elle indispensable au développement de l'entreprise ?

3. Les syndicats sont-ils des parties prenantes internes à l'entreprise ?

SE TESTER

1 Vrai ou faux ?

1 : faux. Les banques, partenaires indispensables à la croissance des entreprises, sont considérées comme parties prenantes externes. **2 : faux.**

2 QCM

Réponse 1.

S'ENTRAÎNER

3 Le vocabulaire de l'entreprise

L'étude des structures de l'entreprise repose sur la théorie des organisations. Différentes parties prenantes doivent être considérées dans leurs rapports réciproques. On distingue les parties prenantes **internes** qui associent les propriétaires du capital et les **salariés**. Les parties prenantes **externes** comprennent par exemple les clients, mais aussi les **banques** à l'origine du financement de l'entreprise. Au sommet de la pyramide hiérarchique de l'entreprise, on trouve les **dirigeants** qui assurent la **gestion** de l'entreprise par une **coopération** entre tous les acteurs internes ou externes de la firme.

4 Questions clés

1. En quoi une entreprise est-elle une organisation ?

Une entreprise est une organisation dans la mesure où ses objectifs et son activité reposent sur une démarche rationnelle. Il s'agit d'accorder les moyens aux objectifs.

2. Pourquoi l'existence de la « technostructure » est-elle indispensable au développement de l'entreprise ?

Le développement de l'entreprise repose sur la prise en considération de son avenir aussi bien à moyen terme qu'à long terme. La technostructure, composée d'experts, planifie et programme les différentes actions à entreprendre pour assurer au mieux la réalisation des objectifs fixés par les dirigeants.

3. Les syndicats sont-ils des parties prenantes internes à l'entreprise ?

C'est le cas à partir d'un effectif minimum. Les entreprises de plus de 11 salariés bénéficient de la présence de délégués du personnel élus par les salariés. À partir de 50 salariés, l'entreprise doit se doter d'un comité d'entreprise et de délégués syndicaux qui remplissent une mission de communication entre la direction et l'ensemble des travailleurs.

www.annabac.com

CHAPITRE

13 Action publique et régulation

L'évolution de la structure sociale, associée aux mutations économiques, appelle une nouvelle fois à l'intervention étatique : les politiques publiques sont nécessaires pour répondre à ce que la presse appelle des « phénomènes de société ». Autant de questions collectives qui rendent indispensables des réponses en termes d'action publique. Ainsi naissent des politiques sociales dans le cadre de l'État-providence.

I Comment l'État-providence concourt-il à la cohésion sociale ?

A La désagrégation des solidarités traditionnelles

- Les **solidarités traditionnelles**, qu'elles soient familiales, géographiques (l'unité villageoise), religieuses (la paroisse de l'Ancien Régime) se sont distendues sous l'effet de l'industrialisation, de l'urbanisation et de l'avènement de la société de consommation.
- Les familles comptent moins d'enfants. Au modèle de famille élargie, fondée sur la cohabitation de plusieurs générations, a succédé la généralisation du modèle de **famille nucléaire** – maintenant fragilisée par le divorce. En France, selon l'Ined (Institut national d'études démographiques), 38 % des naissances sont le fait de parents non mariés, et 16 % des enfants ne vivent qu'avec un seul parent. Les personnes vivant seules représentent près d'un tiers de la population.
- Cette **évolution des structures familiales** se conjugue avec la **disparition des solidarités professionnelles**, la désyndicalisation (le taux de syndicalisation ne s'élève qu'à la hauteur de 7 % en France) et un type d'**urbanisation** qui réduit encore les solidarités entre les individus.

La conséquence de ce recul des solidarités traditionnelles est un processus de désaffiliation, qui menace notamment des populations encore récemment intégrées.

On appelle **désaffiliation sociale** le délitement du lien social reliant les individus entre eux. La rupture de ce lien marque le passage de l'intégration à l'exclusion sociale.

B L'institutionnalisation de la solidarité

L'État est amené à pallier ce délitement du lien social. Les personnes âgées, les malades, les jeunes en difficulté, les chômeurs ne sont pas pris en charge par des groupes d'appartenance réels, comme la famille, mais par la solidarité nationale via les mécanismes de **protection sociale**.

Cette fonction de redistribution apparaît de plus en plus importante dans les budgets des administrations publiques et explique les **déficits des comptes sociaux**.

II Les mutations de l'État-providence

A Le modèle bismarckien

Le modèle bismarckien est fondé sur un système d'assurances sociales. Il est né en Allemagne durant le dernier tiers du XIXe siècle et a été adopté en France au XXe siècle.

Il est qualifié de **corporatiste**, car la protection sociale est construite sur la base de **cotisations obligatoires** versées par les employeurs et les salariés. Les revenus de transfert versés en cas de maladie, d'accident du travail et de vieillesse sont fondés sur le volume des cotisations.

Le chancelier **Otto von Bismarck** (1815-1898) a pris l'initiative de la création d'un système d'assurances sociales en Allemagne dès 1883.

B Le modèle beveridgien

Le modèle beveridgien, qualifié d'**universaliste**, se caractérise par le fait que la protection sociale concerne l'**ensemble des citoyens** et non plus les seuls cotisants comme dans le modèle bismarckien.

Le financement de la protection sociale est assuré par l'**impôt** qui est acquitté par tous.

Henry Beveridge (1879-1963), député radical britannique chargé d'élaborer un système de protection sociale durant la Seconde Guerre mondiale est à l'origine du système national de santé britannique.

C Le système français de protection sociale

Le système français est un **système mixte** intégrant à la fois des éléments du système bismarckien et du système beveridgien : son financement est assuré à la fois par les prélèvements sociaux et des ressources fiscales.

Les **cotisations sociales** sont des **versements obligatoires** auprès des administrations de sécurité sociale assurés par les salariés (part salariale) et les employeurs (part patronale). Il existe cinq types de cotisations de sécurité sociale en fonction du ou des risques encourus:
- assurance maladie;
- assurance vieillesse;
- assurance veuvage;
- allocations familiales;
- accidents du travail.

Les impôts et taxes affectés, telle la contribution sociale généralisée (CSG) instituée en 1991, ont comme objectif de répartir plus largement le financement des régimes de protection sociale et aussi de participer à la réduction du déficit récurrent de l'assurance maladie. La perception de la CSG concerne l'ensemble des revenus et non plus les seuls revenus du travail, frappés des traditionnelles cotisations sociales.

La **CSG** est un impôt destiné au financement de l'assurance maladie, des prestations familiales et du Fonds de solidarité vieillesse. Elle est prélevée sur les revenus du travail, mais aussi sur les revenus immobiliers et les placements financiers.

Le financement de la protection sociale

Répartition des recettes des administrations de sécurité sociales (ASSO) (en % des prélèvements)	1980	1985	1990	1995	2000	2005	2009
Cotisations sociales	97,9	97,1	96,3	89,8	74,5	75,6	70,1
Impôts	2,1	2,9	3,7	10,2	25,5	24,4	29,9
– dont CSG	*0,0*	*0,0*	*0,0*	*6,0*	*19,2*	*19,9*	*19,0*
– dont autres impôts	*2,1*	*2,9*	*3,7*	*4,2*	*6,3*	*4,5*	*10,9*
Total	100	100	100	100	100	100	100

Source: Insee.

On constate à la lecture du tableau que le financement de la protection sociale n'est plus strictement bismarckien (financement par les cotisations sociales), puisqu'en 2009, près de 30 % des recettes proviennent de l'impôt, notamment de la CSG (contribution sociale généralisée).

III Comment un phénomène social devient-il un phénomène politique ?

A Du social au politique

- Certains événements qui font la une de l'actualité deviennent des problèmes sociaux. Ainsi en est-il du droit au logement, de l'échec scolaire, de la toxicomanie ou des émeutes urbaines.
- **Ces problème sociaux sont construits par les médias** (télévision, presse, Internet). Présentés à l'opinion publique, ils quittent le social pour devenir des **événements politiques**. Ils sont ensuite l'objet de débats, de prises de position et appellent une réponse politique.

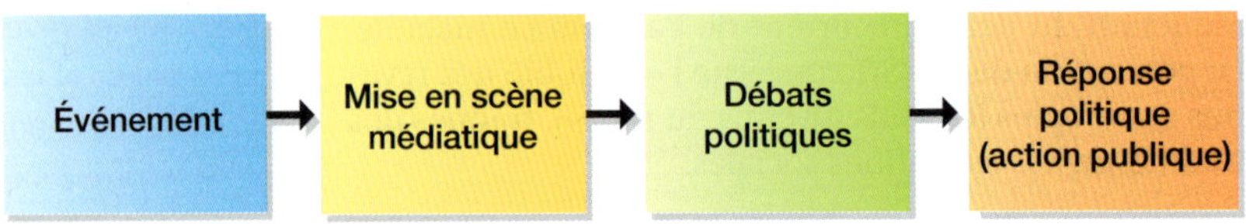

B L'inscription à l'agenda politique

La **mise sur agenda** désigne le fait de placer un objectif (politique, économique, social, culturel…) dans un **programme politique**. L'inscription à l'agenda politique repose sur trois types de considérations.

- **La portée**, c'est-à-dire le nombre de personnes concernées par le problème collectif. Il est nécessaire que le problème puisse être élargi au niveau national.
- **L'intensité** désigne l'impact, notamment psychologique, sur l'ensemble de la communauté nationale. Un problème trop technique comme la dette publique n'est guère accessible au plus grand nombre, contrairement à une catastrophe naturelle occasionnant plusieurs dizaines de décès comme ce fut le cas lors de la canicule de l'été 2006.
- **La durée** est relative à la naissance et au développement historique du problème collectif. La situation des personnes sans domicile fixe est un problème récurrent depuis la fin de la Seconde Guerre mondiale.

C Les acteurs de la mise sur agenda

Chacun des acteurs sociaux a son rôle à jouer pour faire émerger une cause afin qu'elle prenne place sur l'agenda politique :

- **Les citoyens** peuvent faire connaître leurs revendications et leurs points de vue par plusieurs moyens : pétitions, manifestations sur la voie publique (manifestation en soutien aux Roms après l'expulsion de certains d'entre eux), sondages d'opinion.
- **Les associations** jouent un rôle important dans la visibilité du problème. On peut prendre l'exemple des Enfants de Don Quichotte, association créée en 2006, qui met l'accent sur la situation des personnes sans domicile fixe ou mal logées.
- **Les médias**, qui contribuent à faire connaître la question au grand public.
- **La classe politique**, dirigeants nationaux et élus de la nation au plan national et territorial. L'opposition parlementaire soulignera les carences du gouvernement en place et son incompétence face aux problèmes économiques et sociaux. Le gouvernement en place justifiera les mécanismes de sa politique en essayant de montrer qu'il domine la situation et que des mesures importantes vont être prises dans les plus brefs délais.

> Les **associations** et les **médias** contribuent à faire émerger ces questions sur la place publique et sont à ce titre qualifiés de « porte-voix ».

RÉCAPITULONS

- Le phénomène de désaffiliation sociale entraîne l'intervention de la puissance publique à des fins de cohérence et de cohésion sociale.
- L'État-providence repose sur deux modèles : le modèle bismarckien et le modèle beveridgien.
- Certains événements deviennent des problèmes collectifs, ils sont alors inscrits à l'agenda politique. Les différentes composantes du corps social peuvent intervenir afin d'exprimer leurs convictions et ainsi orienter, dans une société démocratique, l'action collective.

Calculer des moyennes

LA DÉMARCHE

Le calcul d'une moyenne permet de condenser une série statistique en une seule valeur. Ce mode de traitement de l'information autorise plus facilement des comparaisons dans le temps et dans l'espace.

- Le calcul d'une **moyenne simple** consiste à additionner les valeurs prises par une variable et à diviser le résultat obtenu par le nombre de valeurs.

$$\text{Moyenne simple} = \frac{x_1 + x_2 + x_3 + \ldots + x_n}{n}$$

- Le calcul d'une **moyenne pondérée** a pour objectif de différencier le poids de certaines valeurs par rapport à d'autres. Il s'agit d'accorder à chaque valeur un coefficient et de diviser le nombre obtenu par le total des coefficients.

L'EXEMPLE COMMENTÉ

Dépenses d'aide sociale d'une commune sur une année civile

Janvier	6 500 €	Juillet	12 500 €
Février	5 500 €	Août	15 700 €
Mars	4 500 €	Septembre	11 500 €
Avril	5 400 €	Octobre	5 400 €
Mai	5 050 €	Novembre	4 800 €
Juin	6 200 €	Décembre	5 600 €

Sur l'année civile, la moyenne mensuelle des dépenses d'aide sociale s'est élevée à :

$$\frac{6\,500 + 5\,500 + 4\,500 + \ldots + 5\,600}{12} = 7\,387{,}50 \text{ €}$$

SE TESTER QUIZ

1 Vrai ou faux ?

	Vrai	Faux
1. L'État-providence compense les effets pervers de la désaffiliation sociale.	☐	☐
2. La cohésion sociale réduit les phénomènes de délinquance.	☐	☐
3. Le système français de protection sociale est essentiellement inspiré du modèle beveridgien.	☐	☐
4. Les problèmes collectifs ne sont jamais des problèmes politiques.	☐	☐
5. Les médias n'exercent aucun rôle dans la mise sur agenda politique.	☐	☐

2 QCM

Choisissez la proposition exacte.

Dans un modèle de protection sociale de type bismarckien :

1. Les revenus sociaux sont fondés sur les cotisations dont se sont préalablement acquittés les assurés.

2. Les revenus sociaux sont accordés en fonction des difficultés économiques des individus et des familles.

3. Il n'existe pas de revenus sociaux, c'est à chacun d'épargner pour se prémunir d'éventuelles difficultés.

S'ENTRAÎNER

3 Le vocabulaire de la régulation

Compléter le texte avec les mots suivants : *beveridgien, bismarckien, cotisations, désaffiliation sociale, État-providence, solidarités traditionnelles, impôts.*

Un système de marché, entièrement livré à lui-même, risquerait d'entraîner sur les voies de l'exclusion des populations en situation de précarité passagère. Aussi l'État intervient-il par des politiques sociales, on parle alors d' ……… . Par ailleurs, les mutations sociales se traduisent par un relâchement des ……… , ce qui a pour conséquence un processus de ……… . En France, la protection sociale repose à la fois sur le système ……… financé par les ……… sociales et sur le système ……… financé par les ……… .

4 Questions clés

Répondez en quelques lignes aux questions suivantes.

1. Quelles sont les raisons sociales qui peuvent expliquer l'institutionnalisation de la solidarité ?
2. Qu'est-ce qu'un système de protection sociale à caractère « universaliste » ?
3. Quels sont les porte-voix qui permettent l'inscription de problèmes collectifs à l'agenda politique ?

OBJECTIF BAC

5 Le mal-logement

En vous aidant des documents ci-dessous, traitez le sujet suivant : « En quoi la mise sur agenda politique révèle-t-elle l'acuité des problèmes collectifs ? »

DOCUMENT 1

« Si les progrès réalisés par la statistique publique contribuent aujourd'hui à une meilleure « objectivation » de la crise du logement et de ses conséquences pour les ménages, la Fondation Abbé Pierre pointe malgré tout d'importantes zones d'ombre et une trop faible actualisation des données, qui appellent des moyens supplémentaires pour mesurer ces situations difficiles et être en capacité d'agir en connaissance de cause. Mais la Fondation Abbé Pierre attend surtout des signes forts en direction des personnes défavorisées et un engagement réel des pouvoirs publics pour offrir des perspectives aux plus modestes et éviter que des ménages fragiles ne viennent à l'avenir grossir les rangs des personnes très mal logées.

Extrait de la conclusion du *Rapport Mal-logement 2011*, Emmaüs France, février 2011.

DOCUMENT 2 Les étapes de la reconnaissance d'un droit au logement opposable (DALO)

2003	Plate-forme élaborée par l'association ATD-Quart monde
2004	Manifestation nationale
2005	Incendies dans des immeubles insalubres accueillant des mal logés
2006	Campement de tentes à Paris à l'initiative de l'association Les enfants de Don Quichotte
Décembre 2006	Le président de la République demande une réponse législative
2007	Droit sur le DALO

SE TESTER

1 Vrai ou faux ?

1 : vrai. 2 : vrai. 3 : faux. Le système de protection sociale français emprunte à la fois au modèle bismarckien et au modèle beveridgien en raison de son mode de financement. **4 : faux.** Les problèmes collectifs sont souvent convertis en problèmes politiques. **5 : faux.** Les médias, agents de la « communication politique », sont souvent à l'origine de la mise sur agenda des problèmes collectifs.

2 QCM

Réponse 1.

S'ENTRAÎNER

3 Le vocabulaire de la régulation

Un système de marché, entièrement livré à lui-même, risquerait d'entraîner sur les voies de l'exclusion des populations en situation de précarité passagère ou durable. Aussi l'État intervient-il par des politiques sociales, on parle alors d'**État-providence**. Par ailleurs, les mutations sociales se traduisent par un relâchement des **solidarités traditionnelles**, ce qui a pour conséquence un processus de **désaffiliation sociale**. En France, la protection sociale repose à la fois sur le système **bismarckien** financé par les **cotisations sociales** et sur le système **beveridgien** financé par les **impôts**.

4 Questions clés

1. Quelles sont les raisons sociales qui peuvent expliquer l'institutionnalisation de la solidarité ?

Les mutations économiques et sociales se sont traduites par des transformations des systèmes de solidarité. Les solidarités traditionnelles fondées sur la proximité (famille, relations de voisinage, entraide paroissiale dans l'ancienne France) ont laissé place à une prise en charge étatique d'assistance sociale. Le recul de la solidarité au sein des groupes primaires a amené l'État à assumer la redistribution.

2. Qu'est-ce qu'un système de protection sociale à caractère « universaliste » ?

Contrairement au modèle bismarckien, fondé sur un financement de la redistribution assis sur les cotisations des assujettis (travailleurs et entreprises), le modèle beveridgien fonctionne par le recours à l'impôt.

3. Quels sont les porte-voix qui permettent l'inscription de problèmes collectifs à l'agenda politique ?

Les porte-voix à l'origine de l'inscription des problèmes collectifs à l'agenda politique appartiennent à la société civile (extérieure à l'État et à ses administrations). Par leurs prises de position, les associations, les médias, différentes personnalités du monde des arts et du spectacle peuvent contribuer à la mobilisation de l'opinion publique, contribuant ainsi à faire sentir l'importance d'un problème devant être traité par les autorités politiques.

OBJECTIF BAC

5 Le mal-logement

En quoi la mise sur agenda révèle-t-elle l'acuité des problèmes collectifs ?

La mise sur agenda politique se traduit par la reconnaissance de l'existence d'un problème posé au sein de la collectivité nationale. Cette institutionnalisation du problème amène à un traitement politique. La mise sur agenda résulte d'un système de communication entre les gouvernants et les gouvernés. Ces derniers vont exprimer par le biais de leader d'opinion ou « porte-voix » leurs doléances vis-à-vis des autorités politiques. Les associations, les syndicats, les partis politiques, les médias servent de relais entre les citoyens et le pouvoir comme le montre le document 1 qui évoque le rôle de la Fondation Abbé Pierre.

La médiatisation des difficultés rencontrées par certaines catégories de nos concitoyens du point de vue de leurs conditions d'existence, comme l'accès au logement, à la santé ou à la scolarisation des enfants, a permis de faire prendre conscience des phénomènes de pauvreté et d'exclusion dans un pays riche comme la France. Après leur mise sur agenda, des mesures concrètes ont été adoptées par l'État et les collectivités locales pour tenter de réduire la marginalisation des plus démunis. Ainsi, le président de la République a-t-il demandé une réponse législative en décembre 2006 au problème des mal-logés (document 2).

On souligne le rôle de l'agenda politique par rapport à la politique générale de l'État.

L'intervention des porte-voix face aux problèmes collectifs permet de faire évoluer le système démocratique vers plus de participation des citoyens à l'élaboration des cadres législatifs dont ils dépendent.

Annexes

Vers le bac

Comment se déroule l'épreuve du bac de Sciences économiques et sociales en T^le ES ?

I Épreuve écrite

La durée de l'épreuve est de **4 heures**, coefficient 7. Vous avez le choix entre **deux sujets** de nature différente : une épreuve composée ou une dissertation s'appuyant sur un dossier documentaire.

A Épreuve composée

- Elle est constituée de trois parties distinctes.

Type d'exercice	Détails de l'épreuve
Partie 1 : **mobilisation des connaissances** (6 points)	Cette première partie de l'épreuve, sans document, est composée de **deux questions**, notées chacune sur 3 points.
Partie 2 : **étude d'un document** (4 points)	Cette deuxième partie de l'épreuve comporte une question générale et un **document de nature strictement factuelle**.
Partie 3 : **raisonnement s'appuyant sur un dossier documentaire** (10 points)	• Le **libellé du sujet** vous invite à développer un raisonnement, à rassembler et à mettre en ordre des informations pertinentes issues du dossier documentaire et de vos connaissances personnelles. • Le dossier ne doit ni borner votre horizon, ni vous servir de prétexte à une paraphrase ou à un commentaire systématique et détaillé. Il comporte **2 ou 3 documents** de nature différente (textes, graphiques, tableaux statistiques, schémas…).

- Pour la partie 1, il s'agit de répondre aux deux questions, en faisant appel à vos **connaissances personnelles**.

- Pour la partie 2, vous devez répondre à la question en adoptant une **démarche méthodologique rigoureuse** de présentation du document, de collecte et de traitement de l'information.

- Pour la partie 3, il vous est demandé de traiter le sujet :
– en développant un **raisonnement** ;
– en exploitant les **documents** du dossier ;
– en faisant appel à vos **connaissances personnelles** ;
– en composant une **introduction**, un **développement**, une **conclusion**.

B Dissertation s'appuyant sur un dossier documentaire

Le **libellé du sujet** vous invite à poser et à traiter, d'une façon organisée et réfléchie, un problème exigeant un effort d'analyse économique et/ou sociologique.

Pour vous aider à asseoir votre travail sur des informations précises, un dossier est mis à votre disposition. Ce dossier ne doit ni borner votre horizon, ni vous servir de prétexte à un commentaire systématique et détaillé. Il comporte **3 ou 4 documents** de nature strictement factuelle (graphique, tableau statistique, chronologie, extrait d'entretien, monographie, récit de vie, compte rendu d'enquêtes...).

Il vous est demandé :
- de **répondre à la question** posée par le sujet ;
- de construire une argumentation à partir d'une **problématique** que vous devrez élaborer ;
- de **mobiliser vos connaissances et des informations pertinentes** pour traiter le sujet, notamment celles figurant dans le dossier ;
- de rédiger, en utilisant le **vocabulaire économique et social** spécifique et approprié à la question, en organisant le développement sous forme d'un **plan cohérent** qui ménage l'équilibre des parties.

II Épreuve orale de contrôle

La durée de l'épreuve est de **20 minutes**. Le temps de préparation est de 30 minutes.

Vous avez le choix entre **deux sujets**. Un sujet comprend :
- une question principale, notée sur 10 points, qui prend appui sur deux documents ;
- trois questions simples, notées sur 10 points, dont une en lien avec l'un des deux documents.

Index-lexique

A

agenda politique 174
Ensemble des problèmes économiques ou sociétaux perçus par l'opinion comme nécessitant un débat public et une intervention des pouvoirs publics au niveau local ou national.

agrégats monétaires 73, 104
Grandeurs comptables qui permettent de caractériser la structure et l'évolution de la masse monétaire au sein d'un pays ou d'une zone monétaire comme la zone euro. Définis par des conventions internationales, les agrégats monétaires sont classés en fonction de leur degré de liquidité.

anomie 139
Concept, développé par le sociologue français Émile Durkheim (1858-1917), qui désigne le relâchement du lien social entre les individus et la société. Les tensions anomiques fragilisent l'homogénéité sociale et peuvent conduire à l'adoption de comportements déviants.

B

banque centrale 72, 103
Institution monétaire, indépendante des pouvoirs publics, chargée de définir la politique monétaire de chaque État ou d'un groupe d'États comme la Banque centrale européenne (BCE).

Banque de France 72
Banque centrale de la République française, créée le 18 janvier 1800 sous la forme d'une société privée par actions, puis nationalisée par la loi du 2 décembre 1945. Indépendante des pouvoirs publics depuis 1993, la Banque de France fait partie du Système européen des banques centrales (SEBC).

biens publics ou collectifs 58
Biens et services à usage collectif mis à la disposition du plus grand nombre généralement sans contrepartie monétaire. Les biens publics (écoles, routes, jardins publics, etc.) relèvent de l'économie non marchande et leur production est financée par les administrations publiques.

bilan 26
Document comptable qui retrace la situation patrimoniale d'une entreprise. Le bilan est divisé en deux parties l'actif et le passif : l'actif est constitué des avoirs de l'entreprise alors que le passif représente ses dettes à l'égard des tiers.

C

capital social 127
Ensemble des liens relationnels hérités et acquis par un individu qu'il peut mobiliser afin d'accroître le niveau de ses ressources. Le concept de capital social a été développé par le sociologue français Pierre Bourdieu (1930-2001).

chômage 96
Déséquilibre macroéconomique sur le marché du travail lorsque l'offre des travailleurs potentiels est supérieure à la demande des entreprises. Selon le Bureau international du travail (BIT), le chômage

caractérise des populations qui, privées d'emploi, sont disponibles et témoigne de la recherche d'un travail.

combinaison des facteurs de production 21
Agencement des ressources productives (capital et travail) dans le but d'assurer la production. Les combinaisons productives sont hautement ou faiblement capitalistiques en fonction de la nature des activités productives et du coût relatif des facteurs de production.

compte de résultat 28
Document comptable qui met en relation les valeurs créées par l'entreprise et les charges dont elle s'est acquittée. Le compte de résultat permet de dégager le bénéfice ou les pertes de l'exercice.

compte des transactions courantes 99
Sous-ensemble de la balance des paiements qui enregistre les échanges de marchandises et de services, les flux de revenus entre un pays et le reste du monde.

concurrence monopolistique 56
Concurrence qui caractérise les marchés oligopolistiques. Chaque entreprise cherche à attirer le plus grand nombre possible de consommateurs par une stratégie de différenciation des produits.

concurrence pure et parfaite . 39, 41
Théorie d'inspiration néoclassique qui présente un marché idéal fondé sur cinq caractéristiques : atomicité de l'offre et de la demande, homogénéité des produits, libre entrée dans l'industrie, transparence du marché et fluidité des facteurs de production.

contrainte budgétaire 10
Limite des dépenses d'un agent économique en fonction du niveau de ses ressources. La contrainte budgétaire oblige à effectuer des choix, c'est-à-dire à établir des préférences. Ainsi, un ménage partira moins longtemps en vacances en raison d'une baisse de ses revenus.

contrôle social 137
Notion qui rend compte des structures et des moyens mis en œuvre pour permettre l'intégration sociale des individus. L'existence d'un règlement intérieur dans un lycée ou une entreprise est un élément de contrôle social dans la mesure où il invite au respect des contraintes collectives.

coûts de production 22
Ensemble des dépenses occasionnées par l'activité productive d'une entreprise, notamment les salaires, les cotisations sociales, l'achat de biens d'équipement et le coût des emprunts.

D

déficit extérieur 99
Solde négatif des échanges commerciaux entre un pays et le reste du monde. Le plus souvent, le déficit extérieur est relatif aux échanges de biens et de services.

déficit budgétaire 87
Solde négatif du budget de l'État qui apparaît lorsque des dépenses publiques sont supérieures aux recettes fiscales. Il est calculé en pourcentage par rapport au PIB.

délinquance 140
Comportements non conformes aux lois à l'intérieur d'un État. Les actes de délinquance sont sanctionnés par les tribunaux répressifs.

démocratie 151
Système politique fondé sur le pouvoir du peuple. On distingue la **démocratie directe**, où les citoyens assemblés votaient les lois à main levée (démocratie athénienne), et la **démocratie indirecte ou représentative**, où le peuple exerce son pouvoir par l'intermédiaire de ses représentants.

dette publique 87
Dette des États, appelée également **dette souveraine**. La dette publique provient de l'agrégation de déficits budgétaires successifs. La dette publique est calculée en pourcentage par rapport au PIB annuel de chaque État.

déviance....................... 138
Attitudes et comportements qui s'opposent aux valeurs et aux normes en vigueur à l'intérieur d'un groupe social déterminé ou dans le cadre plus large de la société globale.

droits de propriété 39
Au sens juridique, capacité d'un sujet de droit de jouir d'une chose. On distingue l'*usus* (droit d'utiliser un bien), le *fructus* (droit de tirer un revenu du bien que l'on possède) et l'*abusus* (droit de disposer d'un bien). Les droits de propriété sont définis et limités par la loi.

E-F

État 148
Organisation qui sert de cadre et de support au pouvoir politique. L'État est ainsi l'institutionnalisation du pouvoir. Selon le sociologue allemand Max Weber (1864-1920), l'État se caractérise par le monopole de la violence physique légitime sur un territoire déterminé.

État-providence.......... 14, 84, 171
Nouvelles fonctions de l'État qui consiste à favoriser le bien-être des populations en dehors de la logique de l'économie marchande, notamment par une redistribution des richesses, et par la production de biens et services collectifs.

externalités 57
Conséquences de l'activité d'un agent économique sur l'activité d'un autre agent économique en dehors du système des prix et du marché. Les externalités peuvent être positives (**économies externes**) ou négatives (**déséconomies externes**).

financement de l'activité économique 69
Accumulation de ressources monétaires nécessaire à une activité économique. En ce qui concerne les entreprises, le financement peut être **interne** (autofinancement) ou **externe** (recours au crédit bancaire, émission de titres sur les marchés financiers).

G-I

groupe social 125
Agrégation d'individus qui partagent des références et des pratiques communes, et forment une collectivité qui se distingue du reste du corps social. On distingue des **groupes primaires**, comme la famille, et des **groupes secondaires** de plus grande dimension, par exemple l'ensemble des ouvriers d'une grande entreprise.

inflation 97
Phénomène macroéconomique qui se traduit par une hausse autoentretenue du niveau général des prix. L'inflation relève d'un déséquilibre entre la production de biens réels et la création monétaire. Elle est mesurée par l'indice des prix à la consommation harmonisé (IPCH).

intérêt 70, 104, 105
Revenu du capital. On distingue les **intérêts créditeurs** (intérêts de l'épargne placée sur un compte ou un livret bancaire) et les **intérêts débiteurs** dû au titre de l'octroi d'un crédit. Le **taux d'intérêt** exprime en pourcentage le revenu ou la dette d'un agent économique par rapport au système financier.

L-M

lien fort, lien faible 129
Intensité du lien social en fonction de la proximité réciproque des acteurs au sein d'un réseau de sociabilité. Les liens sont généralement plus forts entre les membres d'une même famille qu'entre les différents militants d'une même organisation syndicale (liens faibles).

marché 36
Espace de rencontre entre l'offre et la demande pour un produit déterminé. On distingue le **marché des biens et des services**, le **marché du travail** et le **marché du capital ou marché financier**. Le marché permet la formation des prix et assure la régulation de l'activité économique.

marché financier 71
Marché où se trouvent confrontées les offres et les demandes de produits financiers, notamment les valeurs mobilières (actions et obligations), l'or et les devises (monnaies étrangères).

modèle beveridgien 172
Système de protection sociale né du rapport du député libéral britannique William Henry Beveridge (1879-1963). Le financement de la redistribution repose sur l'impôt. Ce modèle est qualifié d'**universaliste**.

modèle bismarckien 172
Système de protection sociale hérité des lois sociales promulguées à l'initiative du chancelier allemand Otto von Bismarck à la fin du XIXe siècle. La redistribution repose sur les cotisations versées par les salariés et les employeurs. Ce modèle est qualifié de **corporatiste**.

monnaie 66, 72
Bien d'échange au sein d'une communauté de paiement. La monnaie, liquidité par excellence, permet les transactions entre agents économiques ; elle est également un instrument de mesure et de réserve de valeur.

monopole 54
Marché imparfait qui se caractérise par la présence d'un seul vendeur face à une multitude de consommateurs. L'existence d'une seule entreprise sur un marché est condamnée par les lois anti-trust aux États-Unis et par la législation de l'Union européenne.

N

nation 150
Notion qui désigne le peuple souverain constitué en corps politique. La nation

s'est historiquement construite contre l'absolutisme monarchique antérieur à la Révolution française.

normes 114
Système de règles qui précise les comportements à adopter en accord avec les valeurs d'un groupe ou d'une société donnée.

O

oligopole. 55
Type de marché imparfait qui réunit quelques vendeurs face à un grand nombre de consommateurs. La plupart des marchés sont des marchés oligopolistiques comme le marché automobile ou le marché de l'électronique grand public.

organisation 162
Système de décisions, de structures et de moyens permettant d'atteindre un objectif déterminé. Une entreprise est une organisation dans la mesure où elle réunit des ressources financières, humaines, des biens d'équipement dans le but de produire des biens et des services.

P

parties prenantes de l'entreprise. . 165
Agents économiques liés par un partenariat individuel ou collectif à une entreprise. On distingue des parties prenantes **internes** (dirigeants, salariés, propriétaires) et des parties prenantes **externes** (clients, fournisseurs, État et collectivités locales).

politique monétaire 103
Intervention des banques centrales dans le but d'assurer la régulation du niveau de la création monétaire. La mission des banques centrales consiste à la fois à permettre la stabilité des prix mais aussi à assurer le financement de l'économie afin de favoriser la croissance économique et un niveau élevé d'emploi.

prélèvements obligatoires. 85
Ensemble des prélèvements fiscaux (impôts et taxes) et parafiscaux (cotisations sociales) qui s'imposent aux agents économiques et permettent de financer les administrations publiques. Le taux de prélèvements obligatoires est calculé en pourcentage par rapport au PIB.

prix. 42
Expression de la valeur d'un bien ou d'un service en une certaine quantité d'unités monétaires. Les prix reflètent à la fois les coûts de production des biens mais aussi la rencontre entre l'offre et la demande sur le marché.

productivité 24
Rapport entre le niveau de la production d'une entreprise, d'une branche d'activité ou d'une économie nationale, et l'utilisation des facteurs de production (travail et capital). Cet indicateur permet de mesurer l'efficacité des facteurs de production.

protection sociale. 172
Système permettant de réduire les conséquences financières (pertes de revenu) attachées aux risques sociaux tels que la maladie, les accidents du travail, le chômage ou la vieillesse. La protection sociale prend la forme de versements de revenus

de transfert (remboursements d'assurance-maladie, allocations de chômage, pensions de retraite...).

R

répartition des revenus 13
Distribution de ressources monétaires permettant la consommation. On distingue une **répartition primaire** des revenus, associée à une participation directe ou indirecte à la production (salaires, intérêts, loyers), et une **répartition secondaire**, qui relève de la protection sociale (revenus de transferts ou revenus sociaux).

réseaux sociaux 127
Espaces de rencontre qui mettent en relation des individus en créant des liens de solidarité spécifiques.

S

socialisation.................. 115
Processus qui permet l'intégration des individus par l'intériorisation des valeurs et des normes d'un groupe social ou de la société globale. La socialisation repose sur l'intervention d'agents ou d'institutions de socialisation comme la famille ou l'école.

surplus du consommateur....... 45
Différence entre le prix qu'un consommateur était prêt à payer pour une marchandise et le prix du marché.

U-V

utilité............................ 9
Capacité d'un bien ou d'un service à répondre à un besoin d'un agent économique. Dans la plupart des cas, l'utilité est subjective dans la mesure où elle découle de préférences individuelles.

valeur ajoutée 11
Notion comptable qui est définie comme la différence entre la valeur de la production et la valeur des consommations intermédiaires. Elle est calculée à partir du chiffre d'affaires de l'entreprise auquel on retranche les consommations intermédiaires (VA = CA – CI).

valeurs 114
Idéaux véhiculés par un système culturel et présentés comme autant de modèles de référence à intérioriser au sein des pratiques sociales. Les valeurs sont codifiées par des normes. Ainsi, l'anonymat des copies des candidats aux examens nationaux correspond à l'égalité en tant que valeur de la République.

Maquette de principe : Frédéric Jély
Mise en page : Compo-Méca
Édition : Marianne Zuzula
Schémas : Philippe Bouillon (Illustratek), Domino, Compo-Méca
Iconographie : Hatier Illustration

Achevé d'imprimer par Macrolibros à Valladolid - Espagne
Dépôt légal : 99536-1/02 - janvier 2017